La iniciación al silencio y a la oración en los niños

Para catequistas y padres de familia

Luis M. Benavides

LIBROS LIGUORI
One Liguori Drive ▼ Liguori, MO 63057-9999

Imprimi Potest:
Harry Grile, CSsR
Provincial de la Provincia de Denver
Los Redentoristas

Publicado por Libros Liguori
Liguori, MO 63057-9999
Pedidos al 800-325-9521
www.librosliguori.org

Cataloging-in-Publication Data on file with the Library of Congress

p ISBN 978-0-7648-2312-1
e ISBN 978-0-7648-2313-8

Libros Liguori, una corporación sin fines de lucro, es un apostolado de los Padres y Hermanos Redentoristas. Para más información visite Redemptorists.com

Impreso en Estados Unidos de América
16 15 14 13 12 / 5 4 3 2 1
Primera edición

A mi abuelo, sabedor de silencios...

Índice

Prólogo

"*Solo el espíritu que está en el hombre sabe lo que hay en el hombre...*" nos dice la Palabra de Dios. Y realmente es así, aunque todavía no se haya despertado plenamente en ese ser pequeño.

Por eso, la madre mira a los ojos de su niñito y con gestos, ternuras y palabras le va haciendo despertar -de a poco- todo aquello de lo que el espíritu humano es capaz. Y entre esas cosas, el lenguaje que le permitirá comunicarse con los demás, trasmitiéndole lo que siente y comprendiendo lo que le dicen. Surge así, un buen día, de entre sus labios la palabra mágica: ¡mamá!, que su madre le ha repetido millares de veces. Palabra que ilumina el corazón de ella y le suena como lo más original que jamás haya ella escuchado. Porque siente que en esa palabrita que el niño logra unir con aquella que le está hablando, muestra que finalmente el lenguaje ha despertado...

Y así pasa también con la oración. En el Bautismo nuestro Padre Dios nos ha regalado el Espíritu de Jesús, que ora en nosotros, inicialmente con balbuceos inenarrables, hasta que un día logra hacerse lenguaje y plegaria entendible por él mismo y por aquellos que lo acompañan. Lo que hace feliz a su madre, la Iglesia.

Luis es para mí un viejo amigo, aunque bastante más joven que yo... Experto en encuentros juveniles y, ahora también, en catequesis. De su rica experiencia con niños nos deja un puñado de sugerencias, que luego cada una tendrá que sembrar allí donde los vientos de Dios lo hayan hecho aterrizar…

Por eso, con alegría me uno a estas páginas para bendecir a todos los que trabajan en la formación religiosa de nuestros niños y, sobre todo, a las familias y catequistas que van entrenando a los pequeños cristianos para que entren en diálogo consciente con el Espíritu que ellos recibieron en el bautismo.

+ Mamerto Menapace, osb
Monasterio Santa María de los Ángeles
Los Toldos – Argentina

Presentación

Cuando años atrás empecé a trabajar en la Catequesis de niños, una de las primeras preocupaciones o dificultades con las que me encontré fue la falta de métodos y sistematización de las experiencias en torno a la oración con niños. Básicamente, me preocupaba cómo hacer que los niños pudieran acercarse más y mejor a la oración. Muchos papás, docentes y catequistas me preguntaban cómo iniciar a los niños en la oración.

Al poco tiempo de estar en contacto con los más pequeños, me di cuenta de que la cuestión no era tan difícil como aparentaba. Los niños tenían en sí mismos una gran capacidad de contemplación y de admiración por lo absoluto; de oración y de comunicación con Dios, poco frecuentes en el mundo adulto.

Fue así que comencé a hacer acopio de experiencias, intercambios con otros catequistas y papás, a buscar información; pero básicamente lo que más me ayudó fue rezar y aprender a rezar junto a los chicos. Ellos se convirtieron en auténticos "maestros de oración"; quizás, por aquello de que: "...si no se hacen como niños, no entrarán en el Reino de los Cielos..." (Mt 19:13-15).

De no tener mucha idea, poco a poco, fui cayendo en la cuenta de que los niños están capacitados para vivir auténticas experiencias de oración, muchas de ellas más espontáneas y sentidas que las de los adultos. Y, paradójicamente, quienes muchas veces ofrecemos mayor resistencia frente a la oración somos los grandes.

Este trabajo pretende ser una sistematización y recopilación de las diversas experiencias de oración que he compartido con los chicos, los papás y con otros catequistas.

Está dirigido a todos los que sienten el deseo de despertar el sentido de la oración en los niños: papás, abuelos, tíos y otros familiares; docentes, catequistas y a todos aquellos adultos que experimenten la necesidad de crecer en la experiencia de Dios, de la mano de los chicos...

Una última aclaración. Este libro ya va por su sexta edición en la Argentina y es una gran alegría y un regalo de Dios, que ahora se publique en los Estados Unidos. En esta nueva edición renovada he agregado algunos elementos que me han parecido oportunos como el Rosario y los Salmos, con los niños. También creí pertinente incorporar algunos textos breves de documentos de la Iglesia que aportan elementos muy orientadores para la oración con los niños. Por otro lado, algunos de los temas de esta obra ya fueron desarrollados en el libro que escribí sobre *Metodología catequística para niños*; aunque, en este caso, ampliados. Quise incluirlos aquí, de manera de tener todo lo referente a la oración de los niños en un mismo texto.

Solo espero que estas reflexiones puedan ayudarnos a comunicarnos mejor con Dios y a hacer que nuestros chicos puedan rezar con más frecuencia y naturalidad, de manera que hagamos de la oración un estilo de vida...

Luis

Introducción

El camino de la oración

La oración es, quizás, la máxima expresión del amor entre la creatura y su Creador. El Bautismo establece una relación de amor entre Dios y el niño, creando en él el poder y la necesidad de responder a ese amor. Favorecer el crecimiento espiritual del niño significa, pues ayudarlo a entrar libremente en la reciprocidad de esta relación de amor.

Considero que podremos sentirnos ampliamente satisfechos en nuestra tarea, si logramos despertar en los niños el gusto por la oración, el deseo de dialogar permanentemente con Dios.

Nuestra labor consistirá en encaminar a los niños hacia una auténtica vida de oración. No se trata de llenar la cabeza de los chicos de ideas sobre Dios ni de enseñarles a recitar oraciones de memoria sino, sobre todo, de enseñarles a vivir constantemente en la presencia de Dios, a vivir con Dios. Es necesario tomar conciencia de que el proceso catequístico debe convertirse en una verdadera escuela de oración. De esta manera, iremos redescubriendo la oración en nuestras propias vidas y en la catequesis.

Para la iniciación a la oración no hay fórmulas escritas o preestablecidas. A rezar se aprende rezando. Es bien evidente que nuestra irradiación personal será para los niños la mejor iniciación en la oración. El gusto por la oración se contagia, se transmite orando y mostrando a los demás lo feliz que hace vivir en la presencia de Dios.

La oración es la vida del corazón nuevo. Debe animarnos en todo momento. Nosotros, sin embargo, olvidamos al que es nuestra Vida y nuestro Todo. Por eso, la oración es como un "recuerdo de Dios", un frecuente despertar la "memoria del corazón".

El niño debe hacer de la oración con su Padre Dios un estilo de vida. Cualquier momento, cualquier acto, cualquier ocasión; todo puede ser motivo de alabanza, de oración. Desde pequeño, el niño debe internalizar la presencia de Dios como algo definitivo en su vida. La oración es uno de los mejores momentos que el ser humano posee para vivir espontáneamente su relación con Dios.

El niño debe vivenciar a un Dios cercano, que lo cuida, lo ama y lo protege siempre. La certeza de saber que Dios está siempre con nosotros, aun en los momentos difíciles, es una de las certezas que más necesitaremos en nuestro caminar por este mundo y que deberá acompañarnos de por vida. Entonces, la iniciación en la oración no consiste tanto en hablar "de Dios", sino en hablar "con Dios".

Claro está que en la oración es el Dios vivo que sale al encuentro de sus hijos, por lo tanto, Él tiene siempre la última palabra. La oración es un don y como tal, debemos pedirle a Él mismo que nos enseñe a orar.

La relación de los niños con Dios

"Nos hiciste Señor para ti y nuestro corazón no descansará hasta hallarse en ti".

San Agustín

El niño crecerá en la fe con tres certezas adquiridas y vividas desde pequeño: la grandeza de Dios, el amor de Dios y la necesidad de absoluto del ser humano. Esta toma de conciencia, paulatina y progresiva, de su relación con Dios se va internalizando en la medida en que el niño va viviendo experiencias profundas de encuentro con su Padre Dios.

La religiosidad del niño deberá ir respondiendo a estos tres aspectos fundamentales relacionados con la idea de Dios, que el niño se va formando y que son necesidades vitales de su alma de bautizado y de su psicología.

La grandeza de Dios: Dios es su Creador

El primer rasgo que debe descubrir y vivenciar el niño a través de la oración, es la grandeza de Dios. Dios se le revela grande, todopoderoso, creador de todo lo existente, fuente de toda energía, fuerte (triunfa siempre), omnipresente (está en todas partes). Dios es Señor del cosmos, de la historia, el único y distinto (el Santo), el trascendente. Dios es lo más grande de todo y lo llama personalmente a hacerse pequeño, a agradecerle filialmente su creación, a adorarlo.

El amor de Dios: Dios es su Padre

La grandeza de Dios está indisolublemente unida a la bondad de Dios. Bondad y grandeza, amor y omnipotencia, no son términos contrapuestos, sino ideas que se refuerzan y complementan.

La necesidad de amor del niño tendrá que verse colmada por un Dios que lo quiere, lo ama, lo cuida, lo hace vivir, lo protege y acompaña siempre.

Hablaremos así de un Dios que es amor, un Dios cercano y providente, bueno, que nos quiere a todos y a cada uno de nosotros. Nos invita a darle gracias, a tener confianza y a dialogar permanentemente con Él. Por ello, habrá que descubrir y asociar con Dios todo lo que para el niño sea fuente de alegría, belleza, luz y gozo.

La necesidad de lo absoluto: Dios es su Dios

La necesidad de admirarse y de lo absoluto arrancan de su afán de grandeza, de su necesidad sobrenatural de Dios, de su deseo de trascendencia.

Dios aparecerá entonces como la completud de la creatura, como un ser que responde a las necesidades más últimas de su naturaleza y de su vida de gracia. De este modo, Dios no será algo impersonal o abstracto. Dios será su Dios que lo creó, lo eligió y lo ama personalmente.

El niño se admirará y contemplará a su Creador, a su amigo, a su todo; con su vida le rendirá homenaje de amor y de respeto. La oración no será otra cosa que el diálogo amoroso entre Dios y el hombre, entre dos personas que se aman.

La toma de conciencia de la relación con su Dios marca la necesidad de oración. Si no despertamos en los niños el deseo de orar, nuestra catequesis pierde sentido.

Si la catequesis no arriba a una auténtica oración no hay auténtica catequesis. Insisto, la catequesis no debe hablar tanto "de Dios" sino hablar "con Dios".

Capítulo 1
Las diferentes formas de oración

"No te aflijas si no recibes de Dios inmediatamente lo que pides: es Él quien quiere hacerte más bien todavía mediante tu perseverancia en permanecer con él en oración. Él quiere que nuestro deseo sea probado en la oración. Así nos dispone para recibir lo que él está dispuesto a darnos..."

San Agustín

Todo cristiano, o mejor, toda persona que sinceramente desea comunicarse con su Señor, va experimentando diferentes formas de oración a lo largo de su vida. Podríamos resumirlas o agruparlas en torno a tres elementos:

- los momentos reservados a la oración personal.
- una actitud de fe que informa e inspira sus actos diarios.
- la celebración comunitaria de esa fe.

El chico tendrá que ir experimentando desde pequeño las diferentes formas de oración que han surgido en la historia del Pueblo de Dios. Para cada momento el niño conocerá y vivirá una forma de oración. Así, conocerá la alabanza por todo lo bello y hermoso que Dios nos dio; la oración de súplica; la de acción de gracias; la oración a través del canto, del gesto, del dibujo; las oraciones de carácter repetitivo, los textos breves de la Palabra de Dios, la oración personal, etcétera. Aunque existen diversas maneras de hacer oración, podríamos hablar de dos formas básicas: la oración personal o silenciosa y la oración comunitaria. Es decir, la oración individual que cada ser humano realiza con su Dios y la oración compartida con los hermanos en torno a un mismo Padre.

La oración personal o silenciosa

Los niños tienen que acostumbrarse lentamente a lograr espacios de silencio interior. Es decir, a lograr momentos de comunicación profunda con Dios nuestro Padre. La oración personal y silenciosa es quizás, como dijimos antes, la máxima expresión del amor entre la creatura y su Creador. La adoración es la primera actitud del hombre que se reconoce creatura ante su Creador.

Sin espacios de oración personal, de oración silenciosa, no hay oración ni auténtica catequesis. El mismo Jesús necesitaba cada tanto retirarse para estar a solas con su Padre. Lo mismo le sucede a cada cristiano: debe incorporar en su vida la actitud del orante, de disponibilidad y acogida ante la grandeza de Dios. En este campo, como veremos más adelante, la iniciación al silencio juega un papel insoslayable.

El niño –también el adulto– tiene que poder ponerse delante de Dios, para presentarle sus inquietudes, sus temores y esperanzas, sus peticiones, sus alabanzas, sus acciones de gracias. En todo momento debe captar que Dios es su Padre y que nunca lo abandona, aun en los momentos difíciles. El niño debe aprender a invocar a Dios que nos ama y nos conserva; a Jesús Hijo de Dios y hermano nuestro que nos conduce al Padre; al Espíritu Santo que habita en nosotros y a María, Madre de Jesús y Madre nuestra.

"La oración personal y comunitaria es el lugar donde el discípulo, alimentado por la Palabra y la Eucaristía, cultiva una relación de profunda amistad con Jesucristo y procura asumir la voluntad del Padre. La oración diaria es un signo del primado de la gracia en el itinerario del discípulo misionero. Por eso, "es necesario aprender a orar, volviendo siempre de nuevo a aprender este arte de los labios del Maestro"

Documento de Aparecida, 255

La oración comunitaria

Los niños necesitan ir realizando sus primeras experiencias de oración comunitaria, desde pequeños. Ellos deben poder captar que la comunidad, la familia, los amigos, los demás también están para rezar con uno, para compartir alegrías y dolores, para rezar juntos por una intención personal. Un niño pidiendo a sus amigos que recen por su gatito enfermo está generando un acto salvífico del amor de Dios.

De esta manera, surgen expresiones comunitarias de la fe, es decir, momentos de oración junto a los otros, junto a los demás. Estos momentos de encuentro interpersonal no hacen más que intensificar la certeza de que los otros están junto a uno, compartiendo la misma fe.

Así, por medio de la oración comunitaria, el niño conocerá:

- La oración de alabanza por todo lo bello y hermoso que Dios nos da y nos regala constantemente a través de toda la Creación. La alabanza es la forma de orar que reconoce de la manera más directa que Dios es Dios. Le canta por Él mismo, le da gloria no por lo que hace, sino por lo que Él es. La alabanza integra las otras formas de oración y las lleva hacia Aquel que es su fuente y su término. La alabanza tiene su síntesis vital del Antiguo

Testamento en la expresión hebrea "¡Hallelu-Ya!" (Aleluya), "¡Alabad al Señor!"

- **La oración de súplica y petición:** que no solo presenta ante Dios todas nuestras necesidades, angustias y miedos sino que nos solidariza con el resto de los hombres, haciéndonos conscientes y responsables de todos aquellos a quienes tenemos presentes en nuestras oraciones, abriéndonos a todos los problemas personales y sociales. Orar por otros, como expresión de la "comunión de los santos", incluso por los enemigos, nos acerca a la oración de Jesús.
- **La oración de acción de gracias:** expresa nuestro continuo agradecimiento por todo lo que Dios nos regala y realiza en cada día, en cada momento, por nosotros. Agradecemos porque su amor es infinito. "Den gracias a Dios en toda ocasión; esta es, por voluntad de Dios, su vocación de cristianos " (1 Ts 5:18).

Es muy importante que los niños puedan hacer oración y expresar en voz alta sus propias preocupaciones, sus propias intenciones. Estas oraciones espontáneas –de petición, de alabanza y de agradecimiento– muy gratas a los niños y, estoy convencido, a Dios también, van a ir despertando el sentido comunitario de la oración.

En ese sentido, tenemos que ayudar a los niños a que escuchen atentamente las oraciones de los otros y no las repitan por imitación o costumbre y tratar que las oraciones sean lo más personalizadas posibles. La idea es ponerle rostros concretos de personas a todas las oraciones y siempre en primera persona (singular o plural)

Ejemplos:

- Una cosa es orar diciendo: "Yo le pido al Señor por los chicos pobres..." (impersonal y en tercera persona) y otra muy distinta es orar diciendo: "Yo te pido Jesús por esos tres chicos que hoy en la mañana vi limpiando los vidrios de los coches, para que los ayudes..."

- Una cosa es pedir "por los enfermos" y otra muy distinta es compartir con los compañeros: "Buen Jesús, te pido por mi abuela Clara que está enferma..."
- Una cuestión es rezar para "que seamos cada vez más buenos" y otra, muy diferente es rezar por "fulano (con nombre y apellido), ese compañero con el que no me llevo muy bien, para que pueda comprenderlo mejor y acercarme a él..."

De esta manera, por las experiencias de oración junto a los demás (sobre todo, en las Celebraciones de la Palabra), los niños van tomando conciencia paulatina de la gran oración comunitaria de la Iglesia: la Liturgia, que alcanza su máxima expresión en la Eucaristía o Santa Misa. Es de lamentar que a medida que pasan los años, más nos vamos alejando de la oración comunitaria, compartida desde la vida.

> *La catequesis no puede limitarse a una formación meramente doctrinal, sino que ha de ser una verdadera escuela de formación integral. Por tanto, se ha de cultivar la amistad con Cristo en la oración, el aprecio por la celebración litúrgica, la vivencia comunitaria, el compromiso apostólico mediante un permanente servicio a los demás... Por eso, se volverá imperioso asegurar cálidos espacios de oración comunitaria que alimenten el fuego de un ardor incontenible y hagan posible un atractivo testimonio de unidad "para que el mundo crea" (Jn 17: 21)..."*
>
> Documento de Aparecida, 299 y 362

¿Las oraciones de memoria o la memoria en las oraciones?

> *"Recitar una oración de memoria es la manera más universal de rezar... Para mucha gente es la única manera de*

tratar con Dios... El rezo de una oración resulta fácil y es muy pedagógico porque un niño no sabe cómo dirigirse a Dios, da sus primeros pasos con las oraciones aprendidas ya que las mismas ponen en su boca lo que le conviene decir..."

Francisco Jálics

Existe una costumbre muy antigua de enseñar oraciones y jaculatorias de memoria. Creo que en algunos casos esta práctica fue algo exagerada y se tornó en un sinsentido para los niños, aprendiendo oraciones poco prácticas para la vida adulta. Recordemos que los niños podrán ir aprendiendo de memoria, en la medida que los contenidos se encuentren al alcance de su desarrollo mental y madurativo.

Al respecto, considero que algunas oraciones, que forman parte de la vida cristiana y de la memoria viva de la Iglesia, se podrían ir aprendiendo de memoria, sin forzar a los chicos y rescatando su permanentemente sentido. Lo esencial es que esos textos memorizados sean interiorizados y entendidos progresivamente en su profundidad, para que sean fuente de vida cristiana personal y comunitaria, tratando de revalorizar la memoria de manera inteligente y creativa.

En el caso de los niños más pequeños

Podemos ir enseñando las oraciones breves o jaculatorias. Prestemos atención a que dichas oraciones no sean infantilistas o carentes de sentido para la vida posterior.

Siempre convendría enseñarles frases del Evangelio u oraciones con profundo sentido religioso como: ¡gloria a Dios!, ¡aleluya!, ¡sí, Señor!, ¡aquí estoy, Señor!, ¡amén!, ¡gracias, Señor!, ¡perdón, Señor!, ¡Sagrado Corazón de Jesús, en vos confío!, ¡viva Jesús en nuestros corazones: por siempre!, ¡Jesús, José y María, les doy el corazón y el alma mía!, etcétera.

Se pueden sugerir oraciones de muy pocas palabras y que los mismos niños puedan ir completando: "Dios, tú eres..." (por ejemplo: "...mi Rey", "mi Creador", "mi mejor amigo", "todopoderoso", etc.)

Considero que la señal de la cruz, el padrenuestro, el avemaría y el gloria deben ser enseñados desde pequeños. Lo único que habría que tener en cuenta es no insistir demasiado en la memorización, sino en la actitud interior de oración. Con el tiempo irán memorizando las oraciones solos.

A partir de los ocho o nueve años

Los chicos ya comienzan a lograr algunas abstracciones. Desde ese momento pueden ir incorporando paulatinamente las demás oraciones de la vida cristiana. Como por ejemplo: la salve, el pésame, el yo confieso, el gloria (largo), el Credo, etcétera.

Algunas frases del Evangelio o de los santos, como: ¡Señor, Jesucristo, Hijo de David, ten piedad de mí que soy un pecador!"; "en el atardecer de la vida, te examinarán en el amor" (san Juan de la Cruz); ¡alabado sea Jesucristo, por siempre sea alabado!; ¡recordemos que estamos en la santa presencia de Dios: te adoramos Señor!; etcétera.

Recordemos que el sentido de la memoria en las oraciones es ayudarnos a ponernos en la presencia de Dios, a predisponer nuestro corazón y nuestra mente para entrar en contacto con Dios, Nuestro Padre. Por ello procuremos que su recitado no se transforme en una mera automatización.

Es importante que permanentemente rescatemos el sentido profundo de las oraciones, que nos detengamos a rezarlas con la mayor serenidad y pausa posibles, para que sus palabras no se conviertan en un automatismo. Si estas oraciones se recitan con convicción interior y recogimiento, adquieren un profundo sentido de vida. Basta, como ejemplo, pensar en cuántas personas han hecho del Rosario un estilo vida y comunicación con Dios, a través de la presencia siempre orante de la Virgen María.

"La memorización de las oraciones fundamentales ofrece una base indispensable para la vida de oración, pero es importante hacer gustar su sentido..."

Catecismo de la Iglesia Católica, 2688

En todo este proceso, hay que evitar ciertos errores pedagógicos bastante frecuentes:

- Reducir la oración al simple aprendizaje de memoria de ciertas oraciones preestablecidas.
- Deformar el sentido de la oración en el niño, presentándole exclusivamente o con demasiada insistencia la oración de petición. La experiencia nos demuestra que los niños se prestan con mucha facilidad a la oración de alabanza y de acción de gracias.
- Las oraciones infantiles resultan igualmente problemáticas si solo parecen acomodarse al niño mientras que un adulto no podría decirlas como suyas. A una oración infantil hay que exigirle que sea veraz. Las oraciones infantiles que solo sean "verdaderas" por un cierto tiempo resultan inadecuadas.
- Obligar a rezar a los niños cuando no están predispuestos a ello. No se puede forzar a nadie a rezar, solo se lo puede invitar y animar. Habrá que respetar el ritmo propio del niño. La oración debe ser una experiencia agradable, algo que nazca en su propio corazón.
- Orar por mucho tiempo. Nuestra oración debe ser corta y sencilla. Como regla, cuando dirigimos una oración con niños, esta no debe durar más que un par de minutos.
- Orar en un lenguaje difícil o incompresible. Muchos cristianos se han acostumbrado a orar en un lenguaje religioso y artificial que ni ellos mismos entienden, por ejemplo: "Señor Jesús,

cúbrenos con tu preciosa sangre..." ¿Qué se va a imaginar un niño cuando oramos así? ¿Caerán gotas de sangre del cielo? ¿O vendrá Jesús con una manto lleno de sangre para cubrirnos? Al menos, habría que aclarar el alcance y las metáforas de los términos empleados en nuestras oraciones.

- No es aconsejable seguir con la oración cuando los niños están muy distraídos o están haciendo lío. En esta situación, es mejor decir "Amén" y terminar la oración. Más tarde podremos nuevamente empezar con la oración en un momento tranquilo.
- Pretender que los chicos recen al "estilo adulto": rígida y estructuradamente. Todo lo contrario, la oración de los niños es espontánea, alegre, sin estructuras previas.
- Creer que la iniciación a la oración es tarea de mujeres y reducirla solo al momento de acostarse. La iniciación en la oración es deber de todos y en todo momento. Toda la familia debe participar en la misma.

Los salmos y los niños

"Los salmos nos enseñan cómo hay que alabar a Dios y cuáles son las palabras más adecuadas para ensalzarlo..."

San Atanasio

Los pueblos antiguos -en su mayoría gente analfabeta- conservaban las tradiciones por medio de leyendas, dichos y cantos que se transmitían de forma oral, tal es el caso de los Salmos. Los Salmos fueron la mayor expresión de la oración en el Antiguo Testamento; tienen un eco universal, porque expresan la actitud que todo hombre debe adoptar ante Dios. A lo largo de los siglos, el pueblo judío fue componiendo oraciones para presentarse delante de Dios con los más variados sentimientos humanos: el temor, la alegría, la gratitud, la súplica, la alabanza...

Los Salmos son los 150 himnos de oración más bellos que existen. Plegarias maravillosas, que no han dejado de ser recitados un solo día en templos, conventos, casas de familia, catedrales y capillas por santos y por pecadores, por gentes llenas de alegría y agradecimiento, y por personas destrozadas por la angustia, el temor o el remordimiento. Fueron escritos por varios profetas, sabios y poetas (los reyes David y Salomón, y el profeta Esdras, entre otros). Han constituido las oraciones preferidas por los amigos de Dios durante más de 23 siglos. Los recitaban los israelitas ya mucho antes de Cristo. Los recitaron Jesús y sus Apóstoles, la Virgen María y los grandes santos de toda la historia.

La Iglesia Católica –al considerarlos inspirados por el Espíritu Santo– ha hecho de ellos su oración oficial, expresada en la Liturgia de la Horas. Los Salmos no han sido cambiados en sus palabras originales; pero sí han sido notablemente enriquecidos en su sentido: en la Nueva Alianza, el fiel alaba y agradece a Dios que le ha revelado el secreto de su vida íntima, que le ha rescatado con la sangre de su Hijo, que le ha infundido su Espíritu y, en la recitación litúrgica, cada salmo concluye con la doxología trinitaria de "gloria al Padre, y al Hijo y al Espíritu Santo".

Los salmos y la oración

Los salmos constituyen el cancionero que el pueblo de Dios –primero los judíos y luego la Iglesia– ha venido utilizando para alabar, suplicar, agradecer; en síntesis, para orar personal y comunitariamente ante Dios. Estas oraciones siempre fueron cantadas; de hecho, la palabra "salmo" significa "himno para ser recitado con música". Incluso, en algunos casos, como los salmos de alabanza, se bailaban y cantaban con numerosos instrumentos musicales.

La idea central de todos los Salmos es lo bueno que es nuestro Dios, lo poderoso y muy fiel; amable con los que cumplen su ley y terrible con los que desprecian los divinos mandatos. El nombre de Dios era para los salmistas la palabra más dulce y agradable que podían pronunciar los labios humanos.

Los Salmos constituyen una invitación a que convirtamos nuestra vida en una oración de confianza y de acción de gracias. En ellos descubrimos que debemos presentarnos a Dios no como un "yo", sino como un "nosotros", como su pueblo unido en oración. Son verdaderos poemas que tienden a elevar el corazón a Dios; son la vida convertida en plegaria.

Cuando una persona se acostumbra a rezar despacio los Salmos, ya ninguna otra oración (excepto el padrenuestro y el avemaría) le parece tan hermosa, ni le llega tanto al alma.

> "*...Un itinerario de esperanza. Una ventana abierta a la confianza. Una oración llena de sentimientos humanos. Los Salmos, que expresan las mil situaciones de la vida diaria, vividas a la luz de la fe, pueden ser una excelente manera de unir fe y vida...*"
>
> Juan Pablo II

Los salmos con los niños

En primer lugar, es importante hacer notar a los niños que Jesús desde niño participaba de la oración de su pueblo, cantando y recitando los Salmos. Podemos estar seguros de que siempre que rezamos un salmo, estamos repitiendo palabras que Jesús mismo aprendió de memoria, recitó, meditó y utilizó para rezar.

El Evangelio dice que la familia de Jesús iba todos los años en peregrinación al Templo de Jerusalén (Lc 2:41). Así que nos podemos imaginar al pequeño Jesús cantando con los otros niños, y también a María y José participando con su voz en esta alegre práctica de las procesiones. De adulto, Jesús siguió peregrinando a Jerusalén y muchas veces habrá entonado con gozo:

> *Me puse alegre cuando me dijeron:*
> *«¡Vamos a la casa del Señor!»*
> *Ahora nuestros pasos se detienen*
> *delante de tus puertas, Jerusalén.*

Salmo 122

Y así, durante numerosos episodios de los Evangelios, contemplamos o vislumbramos a Jesús cantando o rezando los Salmos, como todo el pueblo judío, con devoción y convicción, como forma de comunicarse con su Padre Dios (Mc 14:26).

Como toda la Palabra de Dios, pero especialmente con los salmos, tenemos que tener la convicción que también son para los niños.

Cómo rezar los salmos con los niños

En ese sentido, parte de nuestra tarea será ayudar a los niños y niñas a descubrir toda la belleza y el poder de los salmos; para que puedan hacer suya estas antiguas oraciones.

La clave está en seleccionar los salmos más adecuados y presentárselos progresivamente, ayudándoles a descubrir toda su belleza y poder, como forma de oración, incluso a los más pequeños.

Lo primero de lo que habría que asegurarse es de la comprensión cabal, por parte de los niños, de las palabras que expresan los Salmos. Para ello, sería muy aconsejable aclarar el significado de las palabras que en ellos se utilizan, cuándo y porqué fueron escritos, en qué momentos y en qué ocasión se utilizaban; esencialmente, explicarle a los pequeños que los Salmos eran poesía y oración.

Luego de haber contextualizado los Salmos, los niños podrán ir incorporándolos progresivamente en sus oraciones, como forma de expresión de sus sentimientos y estados de ánimo. Es muy importante que elijamos una traducción de los mismos que se adecue al lenguaje de los niños. Al mismo tiempo, tendremos que realizar una adecuada catequesis de los Salmos, teniendo en cuenta algunos aspectos metodológicos. Así, los niños podrán:

- Recitarlos en dos coros y todos juntos responder cantando el estribillo.
- Un niño o niña lee el estribillo y todos lo repiten y luego cada niño va leyendo con convicción cada estrofa y todos contestan al unísono el estribillo.
- Leerlos con devoción. Expresar y completar lo que el Salmo nos dice a través de un dibujo u otra forma de expresión plástica.
- En pequeños grupos, inventar una estrofa apropiada, que tenga que ver con el espíritu y la poesía del Salmo.
- Buscar versiones cantadas del mismo Salmo y establecer semejanzas y diferencias.
- Explorar los sentimientos que despierta un Salmo determinado y dialogar sobre las veces que hemos sentido lo mismo en nuestras vidas.
- Elegir un Salmo e inventar juntos un estribillo nuevo que exprese una síntesis del mismo.
- Utilizar distintos momentos para incorporar los salmos en las oraciones de los niños.
- Analizar el significado de diferentes Salmos y compartir en grupo con qué momentos de la vida se pueden relacionar.
- Crear gestos para acompañar y reforzar el significado de los Salmos que estamos rezando.
- Comparar Salmos entre sí y establecer semejanzas y diferencias. Pensar juntos para qué momentos son apropiados para rezarlos.

Estas son algunas ideas de cómo trabajar los Salmos con los niños. Lo importante es que los mismos niños los vayan incorporando y valorando como forma privilegiada de oración con nuestro Padre Dios. Si los Salmos han servido para acercarnos a Dios durante siglos, seguramente servirán también para acercar a los niños a su regazo.

"Podemos afirmar que los salmos sirven para poner en nuestro corazón los sentimientos y en nuestra boca las palabras del mismo Jesucristo, con quien queremos identificarnos..."

Benedicto XVI, París, 12/09/2008

El padrenuestro: la oración predilecta de Jesús

"Recorred todas las oraciones que hay en las Escrituras, y no creo que podáis encontrar algo que no esté incluido en la oración del padrenuestro..."

San Agustín

En el Nuevo Testamento, el modelo perfecto de oración se encuentra en la oración filial de Jesús. Hecha con frecuencia en la soledad, en lo secreto, la oración de Jesús entraña una adhesión amorosa a la voluntad del Padre y una absoluta confianza en ser escuchada.

Es en ese contexto en el que Jesús nos deja una de las oraciones más hermosas y profundas: el padrenuestro. Ante el requerimiento de uno de sus discípulos (Lc 11:1), Jesús –como maestro que enseña con autoridad– nos confía su legado. El padrenuestro condensa la esencia del Evangelio, sintetiza y jerarquiza las inmensas riquezas de oración contenidas en la Sagrada Escritura y en toda la vida de la Iglesia. El mismo san Agustín afirma que el padrenuestro es el resumen de todo el Evangelio

El Padrenuestro constituye el corazón de las Sagradas Escrituras y el centro del anuncio de la Buena Nueva del Evangelio. El Padrenuestro, junto con el avemaría y el gloria, constituye el corazón del tesoro de la herencia de Jesús. Por tal motivo, me parece adecuado que los niños las vayan aprendiendo –al comienzo, de memoria–. Los niños desde pequeños no solo deben ir aprendiendo el padrenuestro, sino que tienen el derecho de que se les vaya explicando y, a su vez, de que vayan viviéndolo con alegría y paulatina toma de conciencia.

Es esencial que los adultos hagamos una catequesis permanente sobre el padrenuestro con los niños. Para ello resulta muy adecuado que tomemos frase por frase y vayamos explicando y haciendo vivir los conceptos que de ellas emanan. Se puede ir haciendo una oración por vez, rezando solamente el contenido de cada frase con los niños.

A modo de ejemplo, sugiero tomar la frase: "Padre Nuestro". ¡Qué extraordinarias reflexiones pueden sugerirnos estas dos palabras! Basta con solo pensar qué implicaciones tiene para nosotros llamar a Dios "Padre":

- Dios es nuestro Padre: nos quiere como verdaderos hijos suyos, nos dio la vida y la existencia; nos regaló el mundo que nos rodea; sabe lo que nosotros necesitamos… etc., etc., etc.
- Si Dios es nuestro Padre, todos somos hermanos. Todos somos iguales antes Dios. Como hermanos debemos tratarnos con amor y respeto. Todos somos solidarios y responsables de nuestros hermanos… etc., etc., etc.

Y así se puede seguir con cada frase del padrenuestro. Todo esto, a su vez, puede ir acompañado de dibujos, poemas, canciones o cualquier otro recurso catequístico, que nos ayude a profundizar con los niños las palabras que nos dejara Jesús. Por supuesto, que por más empeño didáctico que pongamos, lo más importante es que los niños perciban nuestra disposición y fervor del corazón al recitar el padrenuestro. Lo mismo habría que hacer con el avemaría, el gloria, el credo y las principales oraciones cristianas.

> *"Padre nuestro: este nombre suscita en nosotros todo a la vez, el amor, el gusto en la oración y también la esperanza de obtener lo que vamos a pedir... ¿Qué puede Él, en efecto, negar a la oración de sus hijos, cuando ya previamente les ha permitido ser sus hijos?"*
>
> San Agustín

El rezo del Rosario

Desde los comienzos del cristianismo, el Rosario ha sido una de las devociones más difundidas y queridas por el Pueblo de Dios, que expresa el amor incondicional a la Virgen María, su madre amada. A la Virgen María le gusta mucho que la gente rece el rosario; es una de sus oraciones preferidas.

Rosario significa "conjunto de rosas"; enseguida nos viene la imagen de una cantidad de rosas u otra flor que uno regala a alguien que quiere mucho. Rezar el Rosario es como llevarle flores a María. Esas flores tienen una fragancia y belleza propias, que se contagian a quien las regala y a quien las recibe.

El Rosario no es una oración de iniciación cristiana, sino un punto de llegada del caminar en la fe. El Rosario no se aprecia en su justa medida, si no se vive, si no se lo reza con disposición interior. A rezar y a querer el Rosario se aprende rezándolo. El Rosario es un camino fácil y sencillo, al alcance de todos, para descubrir la oración.

El rezo del Rosario es como un tesoro escondido: hay que trabajar para encontrarlo, pero una vez hallado, da mucha alegría al corazón y nadie quiere abandonarlo. Este tesoro también puede ser confiado a los niños. Cuando rezamos el Rosario, estamos haciendo como un resumen del Evangelio de Jesús, de las cosas más importantes de su vida, pero vistas en compañía de María.

El Rosario con niños

Si bien el rezo del Rosario forma parte de las devociones tradicionalmente utilizadas por los adultos, estoy convencido de que –con las debidas adaptaciones– el Rosario también es una forma de oración que puede llevar a los niños a acercarse a María, y por ella, a Dios.

El Rosario, por su carácter repetitivo y monótono, puede resultar aburrido y hasta tedioso para un niño. Lo que debemos procurar es encontrar formas de rezarlo más asequibles a la mente infantil.

Lo primero que tendríamos que hacer es iniciar e interiorizar a los niños en el sentido de las oraciones de repetición. Estas oraciones tienen que ver con el ritmo interior de cada persona; esto es, ir logrando armonizar la respiración, los sentidos, los latidos del corazón, a medida que se va rezando. En ese sentido, el rezo del Rosario tendría que transformarse en un desgranar pausadamente las avemarías hasta que se vayan integrando con uno mismo. Es preferible rezar menos cantidad de avemarías, pero disfrutarlas más y con más sentido. No es una obligación terminar pronto.

Uno de los primeros elementos a tener en cuenta en las oraciones con los niños es la gradualidad. Evidentemente que si los hacemos rezar un Rosario completo la primera vez, los niños seguramente se aburrirán y terminarán por abandonar toda actitud de oración. Con los niños habría que procurar buscar diversas formas de rezar el Rosario, de manera que paulatinamente vayan sintiendo el gusto de rezarlo, sin ningún tipo de presión u obligación. Esto se logra más con creatividad y por contagio del entusiasmo de los grandes.

Algunas propuestas para rezar el rosario con niños

- Al principio, creemos que es mejor comenzar con pocas avemarías, pero intensas.
- Realizar una catequesis con los diferentes Misterios de Rosario. Reflexionar sobre lo que evoca cada misterio, profundizar sobre su mensaje evangélico. Estas primeras reflexiones pu-

eden estar acompañadas de alguna expresión estética como un dibujo, una modelación, una narración, una representación o dramatización, imágenes, etc.

- Rezar una decena del Rosario con los chicos, intercalando entre cada avemaría alguna alusión al misterio que se está contemplando, alguna imagen que nos sugiere...
- Rezar una decena, contemplando en cada avemaría una imagen diferente de las distintas advocaciones de la Virgen, con un breve comentario del origen de cada advocación y lo que significa para nosotros. Es importante rezar lentamente, detenerse a contemplar cada imagen, su belleza, su rostro, sus gestos, sus signos...
- Sentar a los niños en ronda en el piso, en un lugar cálido, no muy luminoso y acogedor. Se puede colocar una imagen de la Virgen en el centro con una vela encendida. Se podría ir rezando las avemarías en voz alta, en forma pausada y serena, de manera que cada niño rece un avemaría por vez, agregando alguna intención personal antes.
- Realizar algunas variaciones creativas en el rezo del Rosario, como por ejemplo rezar todos juntos hasta la parte "Bendito es el fruto de tu vientre Jesús" y luego cada niño puede agregar una advocación diferente, por ejemplo:

  Santa María, Madre de la Iglesia...
  Santa María, Madre de los niños...
  Santa María, la que desata los nudos de nuestro corazón...
  Santa María, la que nos cuida y protege siempre...
  Santa María, que estuviste siempre al lado de tu Hijo...

A la que todos los concluyen el avemaría con la parte: "...ruega por nosotros pecadores, ahora y en la hora de nuestra muerte. Amén.

- Los niños pueden inventar diferentes saludos a la Virgen, para introducir el avemaría y que reemplacen al "Dios te salve..." Como por ejemplo:

¡Dios te bendiga, María...!
¡Buen día, María...!
¡Alégrate, María...!
¡Hola, María, qué buena eres...!
¡Hola, María, qué hermosa eres...!

Y todos continúan rezando, después del saludo de cada chico: "... Llena eres de gracia, el Señor es contigo..." hasta completar el avemaría.

- Construir rosarios de distintos materiales con los chicos para uso propio o, lo que les gusta mucho, para regalar a otras personas (familiares, otros chicos, ancianos de algún asilo, etc.) Mientras hacemos los rosarios, se puede ir rezando algún avemaría, intercalado con algunas canciones, para que todo ese momento se transforme en un rato de oración comunitaria. Siempre es recomendable tener alguna imagen de la Virgen que presida la reunión.

Como verán, solo es cuestión de usar la imaginación y de ponerse confiados en los brazos de María. Es Ella la que nos va a ayudar a hacer del Rosario un camino de crecimiento espiritual con los chicos. Lo que importa es nuestra actitud orante, nuestro espíritu de oración, nuestro convencimiento de que el Rosario es algo hermoso. Entonces, seguramente que los chicos se contagiarán de nuestro entusiasmo.

Capítulo 2

Orar con los sentidos

"Amarás al Señor tu Dios con todo tu corazón, con toda tu alma, con todas tus fuerzas y con toda tu mente; y amarás a tu prójimo como a ti mismo".

Lc 10:27

Uno de los riesgos de nuestra cultura y de nuestro tiempo es la división de la persona. Por eso conviene insistir en que la oración no es cosa solo de la inteligencia, ni siquiera de la afectividad... sino de inteligencia, afectividad, espíritu y cuerpo, de toda nuestra persona, y es toda ella la que se abre a la relación con Dios. Se trata de amarle con todo nuestro ser.

El hombre moderno y occidental, al contrario del oriental, ha adormecido o desvalorizado los sentidos. Pareciera que la única fuente de conocimiento fuera por medio del intelecto, de la razón. Este es un error serio y que muchas veces se ha trasladado al ámbito de la oración. Para muchos, la oración es algo similar a la meditación reflexiva. No se dan cuenta de que los sentidos pueden ayudarnos enormemente a sintonizarnos con las cosas de Dios, especialmente, pueden guiar a los niños a predisponerse para encontrar su propio camino de oración. Es preciso integrar totalmente el cuerpo en la oración. De hecho, Jesús mismo en los Evangelios utilizó a menudo sus propios sentidos para proclamar y anunciar la Buena Noticia. Por lo tanto, es importante rescatar el uso de nuestros sentidos en la iniciación en la oración con los niños .

> *"Esta necesidad de asociar los sentidos a la oración interior responde a una exigencia de nuestra naturaleza humana. Somos cuerpo y espíritu, y experimentamos la necesidad de traducir exteriormente nuestros sentimientos. Es necesario rezar con todo nuestro ser para dar a nuestra súplica todo el poder posible..."*
>
> Catecismo de la Iglesia Católica, 2702

Orar con los ojos: saber mirar

> *"Dios vio que todo cuanto había hecho era muy bueno.*
> *Y atardeció y amaneció: fue el día Sexto".*
>
> Gn 1:31

Los ojos, la mirada, son una fuente inagotable de alabanza, de oración. Poco a poco hay que acostumbrar a los niños a dar un paseo contemplativo por el mundo que los rodea.

Se les puede pedir que realicen un recorrido silencioso por lugares habituales, descubriendo las bellezas ocultas, la bondad de las personas y de las cosas, en una palabra, la presencia amorosa de Dios al regalarnos la Creación. En ese momento agradecemos interiormente a Dios por todo lo que podemos percibir con los ojos. Luego se puede compartir lo vivido y agradecer a Dios, orando comunitariamente y así ir realizando experiencias similares.

El tema pasa por ir aprendiendo a mirar a los otros con los ojos de Jesús o ver en los ojos de los otros, los ojos de Jesús... Esta es una manera concreta de ir reconociendo a Jesús en todos nuestros hermanos. La mirada de Jesús purifica el corazón. La luz de la mirada de Jesús ilumina los ojos de nuestro corazón; nos enseña a ver todo a la luz de su verdad y de su compasión por todos los hombres...

Orar con los oídos: saber escuchar

"María, por su parte, guardaba todos estos acontecimientos y los volvía a meditar en su interior".

Lc 2:19

Rezar es ponerse a la escucha, quedarse disponible, atento. En este sentido, todos los ejercicios que ayuden a entrar en contacto con nuestro propio cuerpo, con nuestras sensaciones, sin rechazarlas ni razonar sobre ellas, sirven para predisponer el camino para la oración. Este tema está particularmente desarrollado en el capítulo sobre iniciación al silencio.

Otra forma de rezar escuchando es procurar escuchar atentamente a quienes nos rodean, para ver cuáles son sus necesidades reales y profundas, su situación vital. Los niños pueden realizar ejercicios paulatinos de escuchar al otro (en casa, en la escuela, con sus amigos) y luego pedir por sus necesidades en la oración.

Orar con las manos: saber tocar

"Aquí tienen lo que era desde el principio, lo que hemos oído, lo que hemos visto con nuestros ojos y palpado con nuestras manos —me refiero a la Palabra que es vida".

1 Jn. 1:1

No estamos tan acostumbrados a percibir todo lo bueno que podemos realizar a través de nuestras manos. Las manos son un instrumento poderoso de comunicación personal. El asunto es revalorizar las manos en nuestra vida de oración.

Se puede empezar con ejercicios sencillos, como tomar una fruta, por ejemplo un plátano, con los ojos cerrados. Hay que llevar a los niños a que perciban su textura, sus rugosidades, su calidez o su frescura. Luego de un rato, hay que comenzar a pelarlo lentamente, como si no quisiéramos "hacerle daño". Volver a tomar contacto con su forma y textura, con su olor y entonces sí podemos comerlo sin prisa, saboreándola lentamente. Al terminar, agradecemos a Dios por el milagro de belleza, de sabor, de alimento, de color, que encierra esa y cada una de las frutas.

Otra gama de ejercicios es todo aquello que tenga que ver con el modelado, ya sea en pasta de moldear, arcilla, pasta de sal o cualquier material moldeable. En silencio o al compás de una música suave se coloca a los niños en círculo. Se les reparte el material y se los guía para que vayan percibiendo la blandura y docilidad de la arcilla, lo que pueden crear con las manos. Al finalizar, todos comparten la experiencia y alaban a Dios por todos los dones recibidos.

Un paso más se da cuando utilizamos las manos como medio de comunicación entre nosotros. En ese sentido, todos los gestos que podamos realizar grupalmente (algunos de ellos se explicarán más adelante, cuando hablemos de los signos sagrados) y que nos acercan a los demás, nos ayudarán a comunicarnos mejor con Dios.

Orar con la boca: saber gustar y saber decir

"No es lo entra en la boca lo que hace impuro al hombre; sino lo que sale de ella..."

Mt 15:11

Con respecto al sentido del gusto, también se pueden realizar un sinnúmero de experiencias que hagan a los niños más conscientes del hecho de degustar la comida. El tema pasa por tomarse un tiempo para deleitar cada comida, comparar su sabor con otra, disfrutar de cada gusto y alabar a Dios por la variedad y exquisitez de sabores que nos dio en la naturaleza.

Quizás la cuestión más difícil para el hombre es no lastimar a los demás con sus palabras. En este sentido, todo lo que ayude a tomar conciencia de esta situación, de alguna manera acerca más a Dios. No solo hay que ayudar a los niños a interiorizar el uso de las "buenas palabras" diciéndoles: ¡gracias!, ¡buenos días!, ¡por favor!, ¡de nada!, ¡lo siento! ¡perdón!...; sino que debemos realizar ejercicios concretos para tomar conciencia de aquellas veces que lastimamos a los otros.

Una manera puede ser durante un momento de oración, pensar en aquellos a los que a lo mejor lastimamos con nuestras palabras, rezar por ellos, tenerlos presentes y pedirles posteriormente perdón.

Los niños pueden ir tomando paulatinamente conciencia de todo lo que pueden decirle a Dios con sus labios: la alabanza, la acción de gracias, la petición...

Orar con la nariz: saber oler

> "*...Pues nosotros somos para Dios el buen olor de Cristo entre los que se salvan...*"
>
> 2 Cor 2:15

Al igual que con el gusto, es posible realizar una cantidad de experiencias olfativas. Es probable que junto al gusto, sea uno de los sentidos menos desarrollados (por lo menos en el hombre de ciudad). Los ejercicios pueden ser similares a los del gusto.

Cerrando los ojos se pueden percibir diferentes olores y aromas. También se pueden realizar ejercicios de reconocimiento de perfumes. El asunto pasa por hacer cada vez más conscientes el sentido del olfato y alabar a Dios por todo lo que podemos realizar con él.

De esta manera, hemos incursionado en cómo desarrollar los

sentidos en la oración, o mejor, como orar utilizando los sentidos. A los niños estas experiencias les agradan más de lo que los adultos sospechamos. Mucho más cuando se dan combinadas y se expresan grupalmente para alabar a Dios.

Capítulo 3
La oración a través del gesto, el canto y el dibujo

"La catequesis de niños, jóvenes y adultos está orientada a que la Palabra de Dios se medite en la oración personal, se actualice en la oración litúrgica y se interiorice en todo tiempo a fin de fructificar en una vida nueva..."

Catecismo de la Iglesia Católica, 2688

El gesto, el canto y el dibujo constituyen una de las maneras privilegiadas que tienen los niños para hacer oración. Es a través de ellos que lograremos verdaderos momentos de oración.

Tengamos en cuenta que los niños no solo gustan, sino que se expresan de una manera íntegra y totalizadora a través del canto, el gesto y el dibujo. Toda su personalidad vibra y se expresa a través de los sentidos, mucho más cuando cantan y gesticulan.

El gesto

"Contrariamente a lo que pasa con el adulto, el gesto no es para el niño la proyección de una idea o de un sentimiento que tiende a la exteriorización; es el medio por el cual la idea o sentimiento penetra en la conciencia".

Lubienska de Lenval

El gesto es para el niño un medio mucho más significativo que la palabra. Además, el gesto permite al niño expresar lo que no puede decir con palabras o dar más fuerza al sentido de las mismas.

Por ejemplo: un niño expresará mucho más profundamente su sentimiento de alabanza haciendo un gran saludo a Dios con los brazos, para acompañar las palabras: "yo te alabo Dios mío" que si pronunciara solo las palabras.

Los más chicos necesitan mucho más del gesto que de la palabra para expresarse. Casi que si no interviene todo el cuerpo o algunas partes del mismo, la comunicación parece estar incompleta. Mucho más en la oración...

Una cosa es decir que estamos contentos porque Jesús nos ama y otra es bailar una ronda en torno a una imagen de Jesús cantándole con todo nuestro ser la canción: "Yo tengo un amigo que me ama".

Evidentemente los chicos no solo disfrutan más cuando todo el cuerpo expresa lo que sienten, sino que esta expresión hace que sientan más profundamente lo que dicen. Debemos procurar que los niños vivan los gestos religiosos que realizan. Desafortunadamente la rutina o la falta de conocimiento terminan por anular el sentido de gestos que en otro momento fueron muy valiosos.

A continuación propongo un listado, con una breve explicación, de los gestos sagrados que utilizamos comúnmente en nuestras oraciones personales o celebraciones comunitarias, de manera que nos ayuden comunicarnos mejor con Dios.

Gestos y signos sagrados

- **Señal de la cruz:** es el signo de la Salvación ya que en la cruz Jesús nos redimió. Es el signo de Cristo. Se hace lenta, ampliamente y con esmero. Al realizarla nos ponemos en la presencia de Dios ante cualquier situación de nuestra vida.
- **Persignarse:** se realizan tres cruces lenta y ceremoniosamente. Primero, sobre la frente; luego, sobre los labios y finalmente, sobre el pecho. Al mismo tiempo se dice:

  "Por la señal de la santa Cruz;
  de nuestros enemigos;
  líbranos, Señor Dios nuestro"

- **Estar de pie:** cuando algo o alguien importante está por venir, el estar de pie para recibirlo significa estar dispuesto y activamente preparado para atenderlo.
- **Arrodillarse:** ante la grandeza y la santidad de Dios, la persona se arrodilla para expresar su pequeñez, su humildad, su alabanza al Dios que le ama y le dio la vida. El hecho de arrodillarse indica que el corazón se inclina con profundo respeto ante Dios.
- **Estar sentados:** es la actitud del que está disponible para escuchar atentamente al otro o a la Palabra de Dios.
- **El inclinar la cabeza:** indica reverencia o saludo ante Dios. Se emplea al pasar delante del altar.
- **Inclinación del cuerpo:** al igual que el anterior indica adoración y respeto ante la presencia de Dios.
- **Genuflexión:** la rodilla derecha en tierra, la izquierda flexionada y la cabeza inclinada. Indica saludo y adoración, especialmente delante de Jesús Sacramentado, en el sagrario.
- **Golpearse el pecho:** es un signo penitencial. El arrepentimiento se manifiesta a través de un golpe en el pecho con el puño cer-

rado. Simboliza el golpear las puertas de nuestro mundo interior y hacernos vibrar para que veamos a Dios y volvamos a Él.

- **Parados con los brazos abiertos:** el alma se abre totalmente delante de Dios en señal de alegría, alabanza, júbilo y acción de gracias.
- **Abrazo de la paz:** el darse la paz no solo implica reconciliarse con el otro, sino que expresa el deseo de que Dios nos inunde con su paz.
- **Las manos:** en modo particular, el rostro y las manos son instrumentos y espejo del alma. Después del rostro, las manos son la parte más expresiva del cuerpo. Con ellas podemos tomar distintas posturas que revelan significados diferentes:
- **Manos juntas:** expresan la unión total de la persona, en dirección a lo alto, a Dios.
- **Manos entrecruzadas:** ante una situación tensionante o una aflicción profunda, las manos entrecruzadas expresan la necesidad de unidad y fortaleza interior para pedir auxilio a Dios.
- **Manos abiertas y extendidas hacia arriba:** expresan la actitud de recibir algo, de recibir a Dios; en algunos casos pueden significar implorar ayuda de lo alto.
- **Tomarse las manos:** es señal de unidad y de corriente interna y afectuosa que circula entre quienes realizan el gesto.
- **Imposición de las manos:** las manos extendidas hacia abajo sobre la cabeza de los otros significan la transmisión del poder y de la fuerza del Espíritu, derramado en nosotros.
- **Aplaudir a Dios:** expresa aprobación y alegría por todo lo recibido.
- **Bendición:** solo Dios puede bendecir; Él nos bendice a través de sus ministros. Su amor todopoderoso se dirige al corazón

de sus creaturas. De la mano de Dios fluye la fuerza santa y buena que hace crecer. Dios se da a sí mismo. Solo se pueden bendecir a las personas. Cuando se bendicen objetos, se está bendiciendo a las personas que los van a utilizar.

- **Entrada procesional:** expresa la marcha del Pueblo de Dios; un peregrinar todos juntos, como pueblo, hacia el Padre.
- **Tomar gracia:** es decir, acercarse a una imagen, tocarla y hacer la señal de la cruz. Significa implorar la intercesión de ese santo para que Dios derrame su Gracia sobre quien lo implora.
- **Besar la imagen o tirar besos:** son formas de expresar cariño y reverencia. Es importante aclarar a los niños el valor relativo que tienen las imágenes.
- **Llevar flores o regalos:** expresan cariño, recuerdo y pensar en el otro. Especialmente cuando se trata de la Virgen María.
- **Las velas:** La vela encendida representa la presencia de Cristo Resucitado, sobre todo en el Cirio Pascual. La luz, que da forma, color y sentido a las cosas es signo de vida, signo de Dios.
- **El agua bendita:** plena de misterio es el agua. Clara, simple, purificadora, confortante y poderosa a la vez. De ella fluye la vida. Al hacer la señal de la cruz, mojando los dedos en agua bendita, con la debida disposición interior, se perdonan los pecados veniales o leves.

Es muy importante buscar y explicar el significado de los gestos que realizamos. Continuamente hay que detenerse en los gestos sagrados que utilizamos; tomarnos el tiempo que sea necesario para que se interioricen y, si es necesario, recrearlos permanentemente.

Debemos exigirnos y exigirles a los chicos gran autenticidad y sinceridad, de modo que no realicemos gestos que no respondan a actitudes interiores.

Nosotros tenemos siempre que hacer y vivir los gestos con los chicos. Entonces se desata una corriente de contagio que es muy beneficiosa para el crecimiento en la fe. Muchas veces podrán crearse gestos junto con los chicos; lo importante es que ayuden a expresar mejor nuestro amor a Dios.

De esta manera, todo gesto religioso utilizado en nuestras oraciones y vivido con intensidad, ayudará de manera muy especial, a establecer una comunicación mayor con Dios, Nuestro Señor.

El canto

"Cantar es propio del que ama; cantar es orar dos veces".

San Agustín

El canto es una forma intensa de expresión verbal, poética y musical a la vez. Es una de las maneras más completas de la expresión humana y quizás uno de los mejores momentos para alabar y comunicarse con Dios.

El canto ocupa un lugar destacadísimo en la oración infantil. Junto al gesto es uno de los medios de expresión que más gusta y atrapa a los niños. El canto penetra de tal modo en el corazón de los pequeños que muchas canciones aprendidas en la infancia se recuerdan de por vida.

El canto religioso es un recurso educativo-recreativo-pastoral importantísimo. En la catequesis de niños el canto debe ser un elemento cotidiano y permanente. Se lo recomiendo vivamente. Es más, creo que la incorporación del canto en la catequesis de niños es una opción metodológica ya que, en la práctica, se trata de una "catequesis cantada", especialmente cuando unimos cantos con gestos. Esta fusión "mágica" de canto y gesto genera en los pequeños una respuesta que ni siquiera imaginamos, cuya potencia educadora es de difícil dimensionamiento. Quienes ya han hecho la experiencia sabrán que pocas cosas les gustan más a los chicos que "cantar con todo el cuerpo", es decir, hacer una sola cosa del gesto, la canción y la oración.

Un catequista creativo podrá crear junto con los chicos y elegir los gestos que mejor se identifiquen con las canciones cantadas por ellos. Por supuesto, como siempre, el catequista no solo tendrá que realizar dichos gestos, sino que deberá vivirlos-cantarlos con toda su intensidad.

Algunas indicaciones para el canto con niños

- Hay que poner especial cuidado con el contenido de los cantos, debido a la huella que imprimen en el corazón del niño. No debemos caer en cursilerías, simplificaciones tontas carentes de toda poesía o sinsentidos teológicos.
- El contenido debe ser simple, profundo y debe estar al alcance del entendimiento del niño. Es muy importante explicar siempre la letra, previamente.
- Un canto dirigido al Señor debe diferenciarse de otro canto común por la forma y disposición con que se lo canta.
- La melodía debe ser afín a la edad; es decir, debe ser alegre, ágil, corta, rítmica, sencilla, repetitiva y fácil de recordar.
- Si es posible, una buena parte de los cantos deben ser acompañados con gestos que refuercen el contenido, sin caer en gestos ridículos o estupidizantes.
- La letra y la melodía deben estar en contexto con el tema catequístico en cuestión.
- Hay que recurrir a la creatividad, al ingenio y el incentivo para lograr que los chicos "vivan" los cantos dedicados a Dios.
- Los chicos están más pendientes de la canción en sí que de la forma en que esta es cantada por el o la catequista (no son un jurado exigente, sino más bien un público deseoso de cantar y

aprender una nueva canción). Por lo tanto, podemos movernos y cantar con cierta tranquilidad, aunque nos equivoquemos.

- Si uno no se siente capacitado para cantar, podría ayudarse de un reproductor de música, aunque no es lo mejor.
- A muchos papás les interesa tener en sus casas copias de las canciones para cantar con sus hijos. Habrá que prever la forma de hacérselas conocer.
- Hagamos uso, pero no abuso. Muchas canciones hermosas se terminan "gastando" porque las repetimos interminablemente en toda ocasión.

La oración a través del canto y el canto en la oración constituyen dos caras de una misma moneda. Las experiencias más profundas de oración de salmistas, santos y cristianos están indisolublemente unidas por el canto de alabanza y acción de gracias. El canto se ha transformado a lo largo de la vida de la Iglesia en una de las expresiones privilegiadas de la oración.

En los niños, esta necesidad de unir canto con oración es mucho más profunda y responde mucho más adecuadamente a su condición infantil. De allí que no debemos, bajo ningún punto de vista, desaprovechar la enorme riqueza que el canto representa en la oración, la catequesis y la vida de fe del creyente.

Gracias a Dios y a la tarea de muchos catequistas, músicos y poetas el repertorio de cantos religiosos para chicos está aumentando día a día. Es necesario estar actualizados al respecto y difundirlos enseguida, para que otros los puedan utilizar.

Estas indicaciones que acabo de dar pretendieron ser solamente una guía para la utilización del canto religioso en la catequesis y en la oración.

Claro está que la única manera de aprender a cantar canciones con los chicos es cantando con ellos; solo quien ha pasado por tan hermosa experiencia puede darse cuenta de su inmenso valor.

El dibujo

"Es necesario contemplar continuamente la belleza del Padre e impregnar de ella nuestra alma".

San Gregorio de Nisa

El dibujo, o más ampliamente, la expresión plástica es una de las maneras de expresarse que más atrapa y entusiasma a los chicos. Cualquier ha podido observar cómo les gusta dibujar a los niños y cómo lo hacen con gran aplicación.

La expresión plástica moviliza al niño de tal manera que todo su ser es absorbido por dicha actividad, produciéndole tal placer y dedicación solo comparable con el juego.

Dicho entusiasmo podría aprovecharse para canalizar algún momento de oración, de manera que placer, dedicación y oración estén estrechamente unidos. Se me ocurre que habría que utilizar este recurso asiduamente en la catequesis, por supuesto que sin cansar ni agotar a los chicos, ni mucho menos coartarles su capacidad creadora.

Por otra parte, todo lo que hace desarrollar la capacidad creadora, hace participar indirectamente a los niños en la Creación de Dios. Todo acto creativo es una participación en la Creación. La búsqueda de la belleza es en su esencia la búsqueda de Dios.

En los niños experiencia de fe y expresión de fe están indisolublemente unidos. Para ellos las actividades de expresión de la fe son una forma de revivir lo que acaban de vivenciar catequísticamente.

Es decir, si el niño realiza una experiencia de fe, vuelve a revivirla e internalizarla cuando puede expresarla a través de una creación propia. Asimismo, cuando está realizando una expresión de la fe, está teniendo una experiencia de fe. Es un proceso que se retroalimenta permanentemente.

Dibujar ofreciendo a Dios el dibujo, al ritmo de una música tranquila, puede convertirse en un momento de serena oración. Otra forma es expresar a través del dibujo nuestras necesidades a Dios, nuestros agradecimientos o sencillamente lo que queremos decirle o contarle.

Siempre que dibujemos agreguemos un contenido catequístico bien concreto. En la medida de lo posible, hagamos que el niño se incluya a sí mismo, a sus amigos, a su familia, a Jesús, etcétera, dentro del dibujo. No estereotipemos ninguna imagen de Dios ni mucho menos corrijamos a los niños al respecto. Sí podemos incentivar el dibujo y la creatividad a través de sugerencias.

Por ejemplo, se puede animar a los chicos a partir de un texto bíblico. Con la hoja delante y los materiales listos, después de la narración respectiva, los chicos pueden cerrar los ojos e imaginarse la escena: cómo están vestidos los personajes, cuál es el clima reinante; qué ruidos y sonidos se imaginan en la escena; cuál es el diálogo entre los personajes; qué dice Jesús, cuál es su actitud... Me imagino dentro de la escena, con mis amigos, con mi familia, etc. Qué colores expresan mejor lo que imaginé... Con preguntas como éstas se puede ir orientando a los chicos para ir haciendo una oración. Entonces sí abrimos los ojos y, con el gozo de saber que estamos dibujando para Dios, ponemos manos a la obra.

Cabe aclarar que no estamos evaluando la técnica ni la calidad del dibujo, sino que procuramos que sea un medio de acercamiento a Dios. Finalizada la experiencia se pueden llevar los dibujos en una Celebración de la Palabra, para ofrecérselos a Dios o a la casa para rezar en familia, a partir de los mismos.

Capítulo 4

La iniciación al silencio

"La oración no es solo oración mental, a mi parecer, sino tratar de amistad, estando muchas veces tratando a solas con quien sabemos nos ama". La contemplación busca al "amado de mi alma, esto es, a Jesús y en Él, al Padre".

Santa Teresa de Jesús

El mundo sin silencio

Nuestro mundo actual, sobre todo el de las grandes ciudades, parece haber declarado "enemigo público número 1" al silencio. Los sonidos y ruidos nos invaden al punto tal que es difícil encontrar lugares donde permanecer en silencio. Los hogares, las plazas, los caminos, las calles y hasta las zonas despobladas son continuamente perturbados por ruidos molestos.

La radio, la televisión, los diarios, el cine, las computadoras, todo nos llena de ruidos, música, imágenes y palabras. Esta "cultura del ruido" está hasta tal punto metida en el hombre, que muchas veces somos incapaces de apartarnos de su influjo.

Cuántos hay que no pueden estar solos en sus casas en silencio.

Enseguida necesitan prender la radio o la televisión para "sentirse acompañados", ¡aunque no estén mirando o escuchando el programa!

Toda esta realidad o "cultura del ruido" no hace más que encubrir o tapar otras realidades mucho más profundas y preocupantes. ¿La falta de interioridad o la superficialidad reinante? ¿El miedo a enfrentarnos con nosotros mismos? ¿La ausencia de un sentido trascendente de la vida? ¿La negación de Dios? La lista sería muy extensa...

Solamente constatamos que el hombre necesita y, a la vez, escapa del silencio. El hombre se encuentra con la soledad y, en vez de aprender a caminar con ella, pretende hacer como si no existiera.

El silencio y el misterio de Dios

Iniciarse en el silencio es un camino, un proceso que se adquiere gradualmente a lo largo de toda la vida. Se transforma en un ejercicio permanente para acercarnos a nosotros mismos, a los hermanos y a Dios.

El silencio es una liberación, es decir, una liberación interior. Hacer silencio en nuestras vidas equivale a desarrollar nuestra interioridad, a "crecer hacia dentro", a predisponernos interiormente al encuentro con el Absoluto, en una palabra, a prepararnos para orar.

El silencio espiritual es una intuición de Dios. Para nosotros el silencio expresa una cierta intuición del misterio.

El silencio espiritual y la oración personal son casi sinónimos. La oración personal no es otra cosa que una escucha atenta, una actitud receptiva, un auscultar en silencio la presencia de Dios. Estar en silencio es colocar los sentidos en tensión hacia lo Absoluto.

El silencio en la Biblia

En la Biblia, el silencio tiene dos connotaciones distintas: el silencio de Dios y el silencio de los hombres.

El silencio de Dios

En el *Antiguo Testamento*, Dios aparece como el Santo, el Distinto, el Inasible. Por eso su presencia es permanente, pero fugaz, incognoscible. Dios mantiene un prolongado silencio:

> "Clamo a ti, y tú no me respondes; me presento, y no me haces caso" (Job 30:20).
>
> "Hacía mucho tiempo que estaba en silencio, me callaba y aguantaba" (Is. 42:14).
>
> "¿Quién te asustó y a quién tuviste miedo…? (…) me hice el desentendido, como que no había visto nada" (Is. 57:11).
>
> "¿Y puedes tú, Yavé, no conmoverte al ver estas cosas? ¿Durará tu silencio y será mayor nuestra humillación? (Is. 64:11).
>
> "A ti te llamo, Señor, Roca mía, no te hagas el sordo; no sea que, si guardas silencio, me ocurra como a los que bajan a la tumba" (Sal 28:1).
>
> "¿Por qué mi dolor no tiene fin y no hay remedio para mi herida? ¿Por qué tú, mi manantial, me dejas de repente sin agua? (Jer. 15:18).
>
> "¿Por qué, entonces, miras a los traidores y observas en silencio cómo el malvado se traga a otro más bueno que él? (Hab. 1:13).
>
> "¡Gloria sea dada al que tiene poder para afirmarlos en el Evangelio que anuncio y en la proclamación de Cristo Jesús! Pues se está descubriendo el plan misterioso mantenido oculto desde tantos siglos" (Rom. 16:25)

En el *Nuevo Testamento*, Dios rompe definitivamente su silencio haciéndose verbo en su Hijo Jesús. Él es la Palabra de Dios hecha carne, es el Verbo Encarnado. El hombre debe, entonces, predisponerse a escuchar y encarnar la Palabra en su vida.

El silencio del hombre

El silencio del hombre se transforma en oración. En la Biblia, el silencio está cargado de connotaciones vitales que no siempre se captan hoy. Hablar de silencio en la Biblia es hablar de disponibilidad, receptividad y acogida.

El silencio se transforma en presencia atenta ante la Palabra, ante el Verbo. El silencio espiritual no es otra cosa que el diálogo amoroso de la creatura con su Creador, del hijo con su Padre. Este diálogo dura toda la vida y va comprometiendo cada vez más a la persona, hasta transformarla en un Hombre Nuevo.

Es en este sentido que se orientan los textos bíblicos. Algunos hacen referencia directa al silencio; otros se refieren a él implícitamente. La actitud básica del creyente es la misma: la disponibilidad.

He aquí algunos textos sobre el silencio que pueden servir tanto para la catequesis con los niños, como para la reflexión personal:

En el Antiguo Testamento:

- Dios habla a Moisés (Ex 3:1-5): Dios se comunica con Moisés en el silencio del campo y este lo escucha.
- Moisés habla en el tabernáculo con Dios como un amigo (Ex 33:7-11): Moisés habla con Dios en la carpa, en el silencio del desierto. Dios hablaba con Moisés cara a cara, como habla un hombre con su amigo.
- El llamado de Dios a Samuel (1 Sam 3:1-10): Dios le habla a Samuel al corazón, en el silencio de la noche.
- El profeta Elías se encuentra con Dios (1 Re 19:9-14): Elías se encuentra con Dios que se manifiesta en la brisa suave.
- Cuando Dios va visitar al hombre, la tierra guarda silencio (Hab 2:20; Sof 1:17; Is 41:1; Zac 2:17; Sal 76:9; Ap 8:1); una vez que ha venido, un silencio de temor o respeto significa la adoración del hombre (Lam 2:10; Ex 15:16; Lc 19:36).

- "Cuando todo estaba tranquilo en medio del silencio, y había transcurrido la mitad de la noche, tu Palabra omnipotente se lanzó desde lo alto de los cielos (...) tocaba el cielo y pisaba la tierra" (Sab 18:14-16).
- "Por eso, ahora la voy a conquistar, la llevaré al desierto y allí le hablaré a su corazón" (Os 2:16).
- "El corazón prudente medita los misterios (de Dios) y el sabio solo busca saber escuchar..." (Ecl 3:29).
- "En mi corazón escondí tu palabra para no pecar contra ti. (...) Mira cuánto amo tus ordenanzas, Señor, hazme vivir según tu gracia" (Sal 118:11.159).

En el Nuevo Testamento:

- María escucha el anuncio del ángel en silencio (Lc 1:26-38): El Verbo Eterno se hace carne en el silencio receptivo de María.
- María guarda todas las cosas en su corazón (Lc 2:19).
- Jesús busca el silencio y la soledad de la noche, para hablar con su Padre (Lc 5:16; 6:12; 9:18; 11:1; Mt 14:23; Mc 1:35).
- Jesús se transfigura en presencia de su Padre (Lc 9:28-29; Mt 17:1-9; Mc 9:2-10).
- Jesús ora en la soledad del Monte de los Olivos (Lc 22:39-45).
- Jesús nos enseña a dialogar a solas con Dios (Mt 6:6; Lc 2:19 y 51).

Tipos de silencio

Antes de analizar las diferentes técnicas de iniciación al silencio es conveniente que realicemos una distinción entre dos tipos de silencio: el pasivo y el activo.

El silencio pasivo, físico o externo

Consiste en la ausencia de vibración audible. La sola ausencia de ruidos o sonidos basta para alcanzarlo.

Este silencio es externo, sin participación del niño. El silencio pasivo lo puede lograr cualquiera que imponga por la fuerza una orden o disciplina exterior. Externamente hay silencio, pero no necesariamente en el interior de los niños.

La prueba de esto está dada en el caso que mantengamos, obligados, a un grupo de niños en silencio, amenazándolos con represalias si no se quedan callados y quietos. Cuando hayamos logrado que no se oiga ninguna voz ni un ruido, salgamos del salón, dejándolos solos. Automáticamente cederá la presión y el silencio desaparecerá de inmediato. Es un silencio impuesto donde no hay participación de los niños.

El silencio pasivo suena a "vacío que debe llenarse". El silencio externo en la iniciación al silencio de los niños no basta, no sirve. Hay que lograr el silencio interno.

El silencio activo, interno o silencio espiritual

Consiste en desarrollar una presencia atenta. Se logra con la participación personal y espontánea de los niños. No es un vacío sino que, por el contrario, es algo que nos plenifica y enriquece; es algo que busca colocar todos los sentidos en actitud receptiva, de escucha.

El silencio activo es interno y se alcanza con la plena participación de la persona del catequizando. Para ello es necesario llevar a los niños, a través de los sentidos y la imaginación, a observar e interesarse por las personas y las cosas que los rodean.

En la medida en que se los educa en la práctica del silencio activo, los niños comienzan a volverse disponibles hacia la realidad. Luego, a medida que avanzamos, vamos descubriendo que al experimentar el silencio activo, los niños pasan de la atención y disponibilidad a lo concreto y cercano que pueden palpar, hacia la disponibilidad a lo absoluto, a Dios, a quien no ven.

El silencio es una de las expresiones privilegiadas del amor. Acaso la comunión entre dos seres ¿no se expresa por un movimiento en el cual se alternan, rítmicamente, silencios y palabras?

El silencio es una liberación. Hacer silencio es volverse libres para estar disponibles al Señor y a los demás. Hacer silencio es caminar hacia el encuentro con el Absoluto, con Dios.

Capítulo 5
La iniciación al silencio en los niños

"La contemplación es silencio, este "símbolo del mundo venidero" o "amor silencioso". Las palabras en la oración contemplativa no son discursos, sino ramillas que alimentan el fuego del amor. En este silencio, insoportable para el hombre "exterior", el Padre nos da a conocer a su Verbo encarnado, sufriente, muerto y resucitado, y el Espíritu filial nos hace partícipes de la oración de Jesús..."

Catecismo de la Iglesia Católica, 2717

Iniciarse en el silencio es un camino, un proceso que se realiza gradualmente a lo largo de la vida. Es una tarea que forma parte de la catequesis permanente. Ayudar al niño a "hacer silencio" implica no ser su guía desde fuera, sino lograrlo nosotros con él.

Es posible que al principio este proceso nos resulte difícil. En parte puede ser porque nosotros mismos no estamos acostumbrados al silencio activo. No nos extrañemos que los comienzos sean desalentadores. La clave está en la perseverancia y la gradualidad.

Es muy importante respetar el ritmo del niño. No imponerle silencio sino hacerle crear o lograr por él mismo su propio silencio. Cada catequista debe saber descubrir y dosificar los elementos que permitan al niño encontrarse con su interioridad. El catequista y los niños deben adaptarse al método.

Cuando el niño calla activamente, sus sentidos se aquietan. La ausencia de ruido y la inmovilidad son para él un estado de vida fuera de lo común, que lo prepara para percibir el más allá, algo distinto de todo lo demás: la misteriosa presencia de Dios.

Todo acto de vida religiosa requiere un recogimiento especial. Toda oración debe ir precedida de calma, de una especie de vestíbulo de silencio, de concentración.

Toda iniciación al silencio es un camino de iniciación a la oración. Claro está que el silencio por sí solo no basta, si no lleva al encuentro con Dios. Toda iniciación al silencio debe acabar, más tarde o más temprano, en un encuentro personal con Dios; es decir, en oración. Si no se logra esto, todo el esfuerzo catequístico es vano y nos encontraríamos con simples ejercicios de relajación y concentración mental.

Todo este proceso no tiene otro fin que acercar a los niños a Dios, a hacer que ellos experimenten en sus vidas el gusto por la oración, a que vivencien paulatinamente la posibilidad del encuentro amoroso con el Padre, a través de la oración. Sin silencio no hay oración, pero sin oración no tiene sentido el silencio.

Algunas consideraciones prácticas

En la iniciación al silencio es muy importante lograr un clima apropiado. Para ello es conveniente tener en cuenta lo siguiente:

- Contar con un lugar adecuado, es decir, con una sala o lugar cálido, acogedor, en lo posible alejado de fuentes ruidosas y convenientemente preparado (alfombras, almohadones, no muy luminoso, etc.). Si no se cuenta con el mismo, se intentará adaptar un lugar en la sala, en el momento más conveniente.

- Tener en cuenta el tiempo y momento adecuados: no solo hay que considerar la realidad del niño (por ejemplo: que la iniciación al silencio no se realice después de un momento de gran excitación), sino también la realidad externa a la sala (otros cursos, el recreo, los demás movimientos de otros grupos parroquiales o escolares, etcétera).
- Una vez encontrados el lugar y el tiempo adecuados para orar con los niños, es recomendable mantenerlos fijos. El hecho de sentirse familiarizados con el espacio y el momento de oración ayuda a que no se dispersen y entren más rápido en el clima de oración.
- La voz, los gestos, la postura, el cuerpo todo del catequista, juegan un papel de suma importancia. Debemos cuidar esmeradamente el tono, el volumen, el gesto, el rostro. El catequista debe ser el primero en hacer silencio.
- Al ser gradual, la iniciación al silencio no debe limitarse a los primeros encuentros, sino que tiene que intercalarse a lo largo de todo el año.
- El silencio y la paz de las iglesias están preñados de sentido para el niño; no obstante, conviene tener presente que:

  – los niños ya estén familiarizados con el templo;

  – si el templo es muy grande, sería mejor reunir a los chicos en el lugar más apropiado para el recogimiento (se pueden disponer almohadones frente al Sagrario u otro lugar);

  – con todo, no siempre el templo es el lugar ideal para la iniciación al silencio, debido a la posible dispersión (muchas imágenes, movimiento de gente, gran espacio, etcétera).

- No se trata de mantenerlos siempre en silencio, sino de promover una actitud interior que se traduzca oportunamente en el exterior.
- Es muy importante respetar los momentos de silencio e interioridad que el niño manifieste espontáneamente.

Propuestas para la iniciación al silencio con los niños

> *"Una de las tareas esenciales de la catequesis es la de enseñar a orar: La comunión con Jesucristo lleva a los discípulos a asumir el carácter orante y contemplativo que tuvo el Maestro. Aprender a orar con Jesús es orar con los mismos sentimientos con que se dirigía al Padre: adoración, alabanza, acción de gracias, confianza filial, súplica, admiración por su gloria..."*
>
> Directorio General para la Catequesis, 1997, 85.

Les propongo aquí una serie de posibilidades, surgidas de la experiencia, para la iniciación al silencio. No pretenden ser exhaustivas, ni mucho menos. Han salido de mi catequesis con niños, de los cursos, de la experiencia de otros catequistas, de algún libro que leí alguna vez, de todas partes...

Cada catequista podría cambiar, agregar o crear iniciaciones nuevas y originales. Están ahí para ser leídas, adaptadas, "dadas vuelta", en síntesis: para ser usadas.

Estas propuestas están ordenadas por edades y grados de complejidad, aunque el ordenamiento es solo una orientación y pueden ser utilizarlas en diferentes momentos del año. Algunas están pensadas para los niños más pequeños; otras se pueden utilizar para edades posteriores, variando siempre el tiempo y la profundidad.

Una aclaración: las iniciaciones elegidas no tienen necesariamente un contenido catequístico, muchas de ellas solo tienen un carácter lúdico. Pueden utilizarse como pasos previos a técnicas más profundas.

Propuestas para la iniciación al silencio

- Entrar en una sala en "puntillas", con "zapatitos de algodón" y ubicarse sin hacer ningún ruido. Lo mismo como si fuera "un astronauta en el espacio", una "filmación en cámara lenta" o un "buzo en las profundidades del océano".
- Realizar un "viaje" por el espacio exterior. Cerrar los ojos, colocarse el traje espacial, subir a la nave, prender los motores, etcétera. Todo en absoluto silencio.
- Realizar un "grito de silencio", es decir: gesticular y gritar "con todo", pero sin emitir sonidos o ruidos. Es como hacer la mímica de un gran grito.
- Colocar una "campana de silencio" en el lugar donde estamos y realizar todo en silencio y con mímica.
- Hacer entrar al "señor silencio". Se abre la puerta o una ventana y se llama al "señor silencio". Cuando este llega, solo puede entrar en la sala si hay silencio. Cualquier ruido o sonido "lo espanta". Se repite el juego las veces que sea necesario, hasta que el "señor silencio" se instale en el salón.
- Yo soy el "rey de mi cuerpo". Doy órdenes a mi cuerpo y este me obedece siempre. También se pueden dar órdenes al cuerpo de otro rey y este obedece a la distancia; todo en silencio.
- Juego del "rey del silencio". El docente presenta el juego en voz baja (los chicos se sientan en ronda):

"Soy el rey del silencio. Mis súbditos no hacen nunca ruido. Para convertirse en uno de mis príncipes o princesas hay que ser capaz de levantarse y trasladarse sin hacer ningún ruido. Cuando hagamos hecho un gran silencio, haré señas a uno de ustedes, quien se levantará sin hacer ruido y caminará hacia mí. Si les parece que lo ha hecho bien, me lo dirán por señas, realizando una inclinación con todo el cuerpo. Entonces, puede convertirse en "príncipe". Si hace hecho ruido, levantaremos los codos hacia arriba y deberá volver a su sitio. El juego se va completando a medida que todos hayan intercambiado sus lugares. Pueden darse distintas órdenes: caminar hacia atrás, saltar en un pie, etcétera.

- Sale un chico del salón, los demás observan. La catequista cambia algo de lugar o algo en su vestimenta. El chico debe entrar y observar en silencio hasta que descubre el cambio producido.
- De espaldas o con los ojos vendados, reconocer distintos ruidos o sonidos producidos por la catequista o un compañero con distintos tipos de instrumentos.
- Palmear sobre el banco, yendo de lo más fuerte y estrepitoso, hasta lo más débil e inaudible, hasta que no se oiga ningún ruido.
- Cerrar los ojos y prender la "televisión interior", imaginando cosas sucesivas sugeridas por la catequista o maestra. Se pueden visualizar todo tipo de historias y situaciones. Es importante dar lugar a la imaginación de los chicos y aumentar cada vez más los espacios con la mente en blanco.
- Concentrar la atención en algún ejercicio corporal, rítmico y sencillo. Por ejemplo, gimnasia rítmica, hacer "equilibrio" sobre un banco u otro objeto, saltear diferentes obstáculos en silencio o con una música suave.
- Marchar sobre una línea sin que se oigan pasos. Se pueden agregar otras destrezas: con los brazos cruzados, un pie delante de otro, un brazo extendido y el otro en el hombro del compañero, etcétera.
- Realizar diferentes aplausos rítmicos terminando siempre en un prolongado silencio.

- Tomar conciencia del propio cuerpo tocándolo, mirándolo, acariciándolo, comparando partes, sintiéndolo...
- Detenerse en las superficies en que nuestras manos hacen contacto, incluso se puede tomar conciencia del tacto en todo nuestro cuerpo, observando y sintiendo el roce y la presión de la ropa en las diferentes partes del cuerpo...
- Narrar hechos con mímica. Un chico narra un hecho solo con mímica y los demás tratan de interpretarlo. Luego se cambian los roles.
- Realizar, junto con los chicos, diferentes tipos de mimo y luego ellos deben repetirlo "en paralelo" y en silencio.
- Jugar a "dígalo con mímica" representando alguna escena de la Biblia, alguna parábola de Jesús, algún hecho importante en la vida de los santos o patronos, etc.
- Participar con los chicos en cualquier tipo de espectáculo de mimo, sea en directo o en video. Realizar con los mismos chicos técnicas y espectáculos de mimo.
- Colocar una música suave y hacer acostar a los niños. Luego ir relajando todas las partes del cuerpo, con voz muy suave, hasta llegar a un silencio profundo (al final, apagar la música o colocarla casi imperceptible).
- Trabajar en silencio al ritmo de una música tranquila y suave. Dibujar al ritmo de la música. Es aconsejable utilizar música instrumental, sin grandes altibajos (recomiendo la música del período barroco, la música instrumental andina y toda la gama de la música electroacústica y de relajación).
- Cantar una canción apropiada y concluir la última estrofa, repitiendo la melodía final, hasta que la canción se haga inaudible, siguiendo solo con los labios y en silencio.

- Cantar para adentro una canción, con los ojos cerrados y cuando se termina, los chicos levantan las manos, así varias veces hasta que todos terminen al mismo tiempo. Se puede iniciar murmurando la canción con los labios cerrados; lo que se conoce como canto "a boca cerrada".
- Los ruidos de lejos y de cerca. Este ejercicio es conveniente realizarlo varias veces y gradualmente.

  – ***Primer paso***: se invita a los niños a realizar un paseo por el patio, por la vereda, por la terraza de la escuela o parroquia... Durante el breve paseo, los niños tratarán, en silencio, de escuchar y recordar la mayor cantidad de sonidos y ruidos posibles (se puede hacer también directamente desde el salón, sin hacer el paseo).

  De nuevo en la sala o aula, se pide a los niños que comenten los ruidos escuchados durante el paseo. Si están cansados, es aconsejable distenderse con algún canto con aplausos o dejar el segundo paso para otro encuentro (en tal caso, se recordará lo realizado en ese encuentro).

  – ***Segundo paso***: se pide a los niños que se sienten bien, con los brazos cruzados sobre el banco o mesa, la cabeza apoyada sobre ellos y los ojos cerrados. Se los invita a olvidarse de los ruidos que provienen del exterior de la clase. Seguidamente, se les indica a los niños que se concentren solo en los ruidos que hay dentro del salón o aula. Conviene ser tolerantes y respetar su tiempo. Luego se les pide que nos cuenten qué oyeron y recuerdan. Se intercala otro canto y/o aplauso.

  – ***Tercer paso:*** Si no están cansados, se pide a los niños que se coloquen en la posición anterior. Les decimos: "Nos olvidamos de los ruidos de fuera del aula y de los ruidos de adentro de nuestro cuerpo". Entonces les pedimos que concentren sus esfuerzos en escuchar esos ruidos y los sonidos que hay dentro de nuestro propio cuerpo.

Este debe ser el momento de mayor silencio. Si no se logra, hay que tener paciencia e intentarlo en otros encuentros. Es asombroso constatar que los niños puedan llegar a expresar cosas como: "escuché mi sangre", "sentí el corazón", "escuché mis venas o la respiración", etcétera.

- Fijar la atención en cada parte de nuestro cuerpo, sintiéndolas (como si la respiración las llenara de vida y relajara...): mano derecha, antebrazo derecho, brazo y hombro derecho, luego el hombro izquierdo y bajando hasta la mano izquierda; seguir bajando con todo el cuerpo...
- No hay que descuidar el hecho de enseñar a los chicos a respirar rítmica y pausadamente, haciendo de la respiración una forma de oración. La respiración conecta -además de con el cuerpo- el consciente y el inconsciente, pues la respiración se produce inconscientemente, pero puede controlarse también conscientemente. Se trata de aprender a respirar rítmicamente, pausadamente, con tranquilidad y disposición interior.
- Hacer silencio por otros. Por ejemplo: caminar hacia el almacén haciendo silencio por alguien que quiero; viajar en ómnibus y ofrecer un rato de silencio por alguien con quien tengo dificultades; si por un rato no puedo dormirme, puedo serenamente ofrecerle ese momento al Señor por gente que está enferma, etc.
- Aprovechar los momentos que la naturaleza nos brinda para quedarnos contemplando absortos, en silencio. Se puede contemplar la puesta del sol, la cima de una montaña, la anchura del mar, etcétera. En tales momentos, hay que tratar de realizar deliberadamente un largo silencio contemplativo. No hay que dejar de aprovechar los encuentros que tenemos de este tipo

cuando estamos en contacto con la naturaleza: jornadas, convivencias, encuentros, campamentos, etc.

- No descuidar las visitas a la iglesia, capilla u otros lugares sagrados e incentivar a los niños para que hagan oración con nosotros, en silencio.
- En todo momento de oración incluir siempre un espacio de silencio interior, un espacio para la oración personal y silenciosa, sin apremios ni apuros.
- Utilizar la imaginación como forma de oración. Este es un recurso muy eficaz. Se puede tomar alguna escena bíblica, alguna parábola o hecho de la vida de Jesús. Luego de sentarse, cerrar los ojos, hacer silencio y relajarse, se lee el texto bíblico. Se guía a los chicos para que imaginen el lugar, la disposición de las cosas, la ubicación de la gente, los colores, los sabores, los olores.

Cada uno trata de reconstruir la escena bíblica como mejor le parezca. Incluso, en algún momento podemos recrear o imaginar un diálogo con Jesús, sus palabras, mi respuesta... Y así se puede ir armando un encuentro imaginario con Jesús. Lo importante es no perder el clima de oración y tener siempre presente que lo que estamos viviendo es una situación ficticia, que solo pretende ayudarnos a ponernos en la presencia de Dios.

- Acostumbrar a los niños a recurrir en todo momento a la oración personal y silenciosa, sea para agradecer, para pedir, para alabar, en las distintas ocasiones que se nos presentan durante el día, la semana, en distintos ámbitos.
- Recordar y guiar a los niños para que, antes de rezar en la noche o en cualquier otro momento, realicen algún ejercicio de silencio.
- En familia, antes de bendecir los alimentos, sería muy útil reservar un momento para la oración silenciosa de todo el grupo familiar.

Creo que con estos ejercicios podemos tener una idea de cómo caminar en la iniciación al silencio de los niños. Es cuestión de imaginación, creatividad y de hacer silencio ante Dios. De esta manera, con estas sencillas técnicas, colocaremos a nuestros catequizandos en el camino del silencio, en el camino de la oración. Oración, que no olvidemos, es fundamentalmente fruto de la gracia y del amor que Dios nos tiene. Estas técnicas serían vanas si Dios no nos amara como nos ama y si el Espíritu Santo no nos acompañara en nuestro caminar hacia el Padre.

Capítulo 6
El rincón de oración o rincón de Jesús

"Ora continuamente el que une la oración a las obras y las obras a la oración. Solo así podemos encontrar realizable el principio de la oración continua..."

Orígenes

En muchas escuelas, sobre todo en los jardines de niños y también ahora en algunas parroquias, nos encontramos con salas que disponen de lugares especiales llamados; "departamentos", "talleres", "sectores" o, simplemente, "rincones". Así, nos topamos con el rincón de la cocina, el de la carpintería, el rincón de las muñecas, la sala de música, el salón de la parroquia, etc.

Por medio de los rincones o sectores especialmente destinados para un uso determinado, el niño logra ordenar su cuerpo y su mente. Los hábitos y costumbres de cada rincón o sector ayudan a descubrir que existe un orden, un hábito, una conducta determinada de acuerdo con el lugar o momento en que uno se encuentra. Los rincones ayudan a afianzar la dimensión espacio-temporal en los niños.

Así como hay un rincón para el trabajo, para el juego, para el descanso, etc.; es importante que exista un lugar específico para la oración. ¿Acaso las iglesias no son, en nuestras grandes ciudades, un "pequeño rincón", un oasis de calma y tranquilidad donde rezar?

La cuestión que nos interesa es encontrar el lugar y el momento adecuados para que los niños puedan sentirse más motivados para rezar y estar en contacto con Dios.

El "rincón de oración"

El lugar por excelencia para la oración es la capilla o iglesia. La mayoría de los templos están construidos con el fin de acercar a la gente a Dios. El ambiente de silencio y recogimiento, la luz tenue, las imágenes religiosas, sobre todo si se está en presencia de Jesús Sacramentado en el sagrario, lleva al creyente a sumergirse en una atmósfera de oración y de contemplación.

Con todo, también es cierto que muchas veces la capilla o iglesia por su tamaño, su lejanía o su incesante uso, no es el lugar más adecuado para iniciar a los niños en la oración. A no ser que se cuente con una pequeña capilla, algo apartada y disponible para tal fin.

En mi experiencia, lo ideal es contar con una sala especialmente dedicada a este fin y próxima a los locales de la catequesis. Esta sala debería ser un lugar privilegiado de la escuela o parroquia. La misma tiene que ser cálida, con poca visión hacia el exterior (se pueden disimular los vidrios con vitraux de celofán), con una alfombra o almohadones para que los niños puedan sentarse en el suelo.

En el mejor lugar de la sala, se ha de colocar una imagen de Jesús, una mesita con un mantel blanco, la Biblia, el cirio pascual y unas flores. Es decir, una especie de salón-catequístico-capilla donde con solo entrar se respire un clima diferente.

Sé que la idea de contar con un salón exclusivo para la catequesis es muy ambiciosa y que no siempre es posible disponer de él. Por esto, nace la alternativa del "rincón de oración" dentro de la misma sala. Por otra parte, los rincones del salón permiten el trabajo simultáneo de los catequistas y, además, supone una gran ventaja el hecho de no cambiar de local a cada momento.

Asimismo, sería muy aconsejable que cada familia pudiera disponer de un lugar o rincón destinado a la oración, como antaño lo hacían nuestros mayores.

Características del "rincón de oración"

Debemos respetar ciertas condiciones para que el rincón de oración o rincón de Jesús vaya "entrando" progresivamente en la vida de los niños y se transforme paulatinamente en algo sagrado, es decir, en algo separado especialmente para Dios. Para armar el rincón de Jesús habrá que tener presente las siguientes consideraciones:

1. El lugar

- de honor: diferente, limpio, siempre en orden.
- de poco tránsito y fácil acceso.
- exclusivo: no utilizarlo para otra cosa; alegre y luminoso.

2. Las imágenes

La experiencia indica que es muy importante la elección de las imágenes. Tiene que ser una imagen de Jesús, ya que Él es el centro de la catequesis. En alguna ocasión, se la podrá reemplazar por una imagen de la Virgen María o algún santo (cuando hablo de imagen, estoy hablando indistintamente de una lámina, pintura o escultura). Lo importante es que la imagen elegida sea del agrado de los niños y apropiada para la catequesis, es decir: imágenes naturales, sobrias, sencillas y simples, en las cuales se privilegie más el gesto y la expresión de los rostros que la imagen en sí misma. Siempre será mejor colocar una imagen de Jesús Resucitado que una de Jesús crucificado. La imagen del Buen Pastor también ayuda mucho. Busquemos que la expresión del rostro sea dulce y varonil a la vez.

Es preferible que sean imágenes de un solo color, sin demasiados elementos fantásticos o que no correspondan exactamente a las narraciones evangélicas. Evitemos todos esos elementos accesorios que distraen o asustan a los niños, por ejemplo: imágenes del Niño Jesús con el pecho abierto o el Sagrado Corazón de Jesús lleno de espadas; imágenes con espinas y sangre; representaciones de la Virgen rodeada de ángeles o dominando a demonios, etc.

Una cosa que debe quedar muy clara, es que las imágenes son representaciones hechas por los hombres y que Dios es mucho más que todas ellas. Incluso conviene explicar a los niños cómo están hechas las imágenes y que no sucede nada en el caso de que se rompan, salvo la pérdida material.

También debe quedar muy clara la idea de que los cristianos no adoramos ninguna imagen. Las representaciones de Dios sirven para acercarnos más a Él.

3. *Elementos*

Los elementos que integran el "rincón de Jesús" serán seleccionados con cuidado y siempre buscaremos la sobriedad, el buen gusto y la renovación constante de lo que es perecedero. Pueden ser los siguientes:

- Una mesita o repisa cubierta con un mantel blanco, que se encuentre a una altura normal cuando los niños estén sentados. Es preferible correr el riesgo de la cercanía (aproximadamente a un metro de altura o un poco menos).
- Una Biblia.
- Una imagen de Jesús.
- Un florero. Las flores las traerán los mismos niños.
- Una vela pequeña.
- Una alfombra y algunos almohadones.

Es importante que el rincón de oración no sea acumulativo, es decir, que no se transforme en una especie de "santería familiar" donde van a parar todas las estampas que traen los niños, flores y todo elemento religioso. Para que sea eficaz debe ser sobrio, con pocos elementos centrales y renovados permanentemente.

4. Su uso

Al principio del año se rezará con los niños simplemente recogiéndose en el mismo lugar donde se tiene la catequesis. Después de haberlos iniciado en el silencio y la oración, es conveniente introducir y montar el rincón de oración.

Los niños colaborarán en el armado y elección de los elementos. Los padres participarán en la ceremonia de inauguración del mismo. Lo que va a dar valor al rincón de oración, va a ser su uso. Si los catequistas, los docentes y los padres no están convencidos de su utilidad y no lo usan para rezar, los niños lo utilizarán mucho menos.

Del rincón de oración, tomaremos la Biblia para leer la Palabra de Dios en los encuentros de catequesis. También lo utilizaremos para hacer la oración de cada día, para rezar juntos o en grupos, para ofrecer trabajitos, regalos, etc. Los niños podrán ir a rezar libremente al rincón de Jesús ya sea al llegar o al salir; antes, durante o después de los recreos, sin pedir permiso; durante las actividades, pero pidiendo permiso...

Cuando los niños estén libremente en el rincón no hay que controlar la oración que ellos hacen. Si quieren arrodillarse, hacer gestos, besar la Biblia, cantar o simplemente rezar una plegaria..., es necesario que se sientan en libertad de expresarse y orar como el Espíritu les indique. Lo que importa es que se familiaricen con las cosas de Dios.

Puede añadirse al rincón de oración una caja o pequeña urna para que los niños libremente coloquen o depositen sus intenciones personales cuando rezan. De vez en cuando, cada mes, por ejemplo, habrá que buscar la mejor forma de retirar las intenciones antiguas. Pueden llevarse en un sobre y ofrecerlas a los pies de alguna imagen de la iglesia o simplemente quemarlas, como signo de que van hacia Dios...

Por supuesto, el mero hecho de tener un rincón para orar, no significa que los niños recen más. La oración es un don de Dios y tiene que trasformarse en una actitud de vida. El rincón de Jesús puede ser un elemento más que nos ayude en este largo y hermoso camino de iniciar a los niños en la oración.

Capítulo 7
La oración en familia

"Nada vale como la oración: hace posible lo que es imposible, fácil lo que es difícil..."

San Juan Crisóstomo

Muchas de las orientaciones que he mencionado hasta el momento sobre la iniciación a la oración en los niños pueden ser utilizadas especialmente por catequistas, maestros y padres de chicos en edad escolar (a partir de los tres o cuatro años). Considero importante agregar algunas reflexiones que puedan servir para la oración con los más pequeñitos, en particular en el seno familiar.

Decididamente en el tema de la oración de los niños, quienes desempeñan un papel fundamental son los padres y demás familiares cercanos. Hasta diría que sin su participación, los intentos de iniciarlos en el camino de la fe son muy arduos, sobre todo, en los primeros años de vida.

Toda la familia, particularmente los papás, tienen un rol y un protagonismo indelegable, ya que para muchos de los niños, ellos son un reflejo de la imagen de Dios. Muchos papás sienten que sus hijos son un especial regalo que Dios les confió.

Dios, en su amor infinito por cada uno de nosotros, al crearnos desea que entremos en comunicación con Él lo antes posible.

Al crearnos a su imagen y semejanza, nos ha otorgado la capacidad de comunicarnos y de entrar en diálogo amoroso con Él, desde que fuimos concebidos. Para que surjan estos lazos de amor, Dios confía a los padres el papel de mediadores e iniciadores en la fe. Los padres, al transmitir la fe a sus hijos, están recibiendo, asimismo, la posibilidad de asumir esa tarea en la misma medida en que buscan y profundizan su propia relación filial con Él.

La base de la oración de los niños está dada más por una relación personal con su Dios que por fórmulas u oraciones, relación que se palpa y contagia desde pequeños por la actitud de sus padres.

Al comienzo los padres podrán –nada más y nada menos– que rezar por sus hijos. Al poco tiempo de nacidos, paulatinamente tendrán ocasiones para ir iniciando a sus hijos en el camino de la oración, hasta que los niños ya estén capacitados para compartir la oración con los adultos y hacer por ellos mismos oración.

Siguiendo a Rose-Marie Casablanca, voy a desarrollar aquí algunas orientaciones para que los papás y familiares puedan iniciar juntos el camino de la oración con sus hijos[1].

Desde la concepción hasta la llegada del bebé a la casa

La oración por el niño

Hay muchas parejas que, en sus deseos de tener hijos, incluso antes de haber concebido alguno, oran por el niño que va a venir.

El embarazo puede convertirse en una hermosa ocasión para rezar por el niño que está por nacer, incluso tratándose de embarazos no deseados. Esta auténtica oración asocia al feto a esa misma plegaria. Muchos papás tienen la bella costumbre de orar colocando las manos sobre el vientre de la mamá y elevando juntos sus plegarias.

---

1 Rose-Marie de Casablanca. EL NIÑO CAPAZ DE DIOS. Edic. Mensajero. Bilbao. Pág. 140. La autora desarrolla ampliamente el tema de la oración en familia, en especial con los niños pequeños.

Es hermosa y emocionante la sensación de saber que se espera a un hijo de Dios.

La gestación, el embarazo y hasta el parto son para la mamá experiencias únicas, susceptibles de originar un intenso contacto con Dios (aunque sea para ofrecer a Dios los dolores del parto por su hijo y por alguien que necesite de oración). Asimismo, la oración de la pareja en favor de su hijo tiene sus repercusiones sobre las relaciones que ellos mantienen con Dios y sobre su propia oración. La llegada de los hijos es una fuente de bendiciones y alegría para todos los miembros de la familia.

Todo niño que nace (cualesquiera que sean las circunstancias de su nacimiento) es un regalo de Dios y un motivo para orar, aun en situaciones difíciles; por ejemplo, pidiendo fuerzas para aceptar y sobrellevar lo que se presenta. En ese sentido, la presencia orante, silenciosa, auxiliadora y siempre atenta de la Virgen María puede ser un motivo de consuelo y fortaleza para seguir adelante.

Hasta el andar independiente

La oración por el niño, la oración delante del niño, el comienzo de la actividad orante del niño

Hasta el momento del parto los padres y restantes miembros de la familia oraban por el niño. De ahí en adelante van a poder, además, formular su oración delante del mismo. Los padres "prestan" al bebé sus labios, sus manos y su cuerpo entero para expresar en su nombre la oración que suscita en ellos el Espíritu Santo.

Cuando los padres oran con y por sus hijos, oran en el nombre de ellos; al margen de la estrecha relación consciente-inconsciente entre madre e hijo. La irradiación de su contacto con Dios actúa sobre el niño, orientándolo en silencio hacia Él. La oración en silencio es un manantial de gracia para el niño.

Por otra parte, existen algunos medios que pueden favorecer la oración en estas edades tempranas. La oración de los padres se ve complementada con la búsqueda de todo aquello que pueda ayudar a aproximarse a una vida orante. Hay dos sentidos particularmente ricos a este respecto: la vista y el oído.

Dado que el bebé es capaz de fijar su mirada sobre el objeto amado desde que cuenta dos semanas (como el pezón y, más tarde, el rostro y los gestos de la madre) y que distingue ya buena parte de cuanto lo rodea a partir de los dos o tres meses, los padres pueden proceder de suerte que su mirada se fije sobre determinados objetos que enriquezcan su memoria en un sentido espiritual, colocando algún elemento religioso junto a la cuna, en lo posible frente al bebé y no encima. Conviene que lo objetos en cuestión sean a la par adecuados a la mentalidad infantil, sencillos, bonitos y respetados como tales por el niño.

Hay un segundo elemento que suele impactar a los ojos del niño: la luz; lo que conviene es que el objeto principal esté iluminado en el momento de la oración.

En cuanto al oído, el bebé bien puede ir internalizando tanto el murmullo de la oración de los padres como algunas canciones religiosas sencillas entonadas por su progenitores.

La actividad orante del niño comienza desde sus primeros meses de vida, de manera embrionaria. Puede ser impulsado a entrar en relación con Dios. En ese sentido, distinguiremos dos modalidades: la oración a lo largo del día (ocasional) y la oración familiar (más organizada).

- ***La oración a lo largo del día.*** Cuando el niño está solo con un adulto, este puede encontrar múltiples ocasiones para hacerle participar en sus propios impulsos hacia Dios. Sea una oración de alabanza, de petición o de acción de gracias que realice el adulto, el niño participará como por ósmosis, en una corriente de contagio mutuo. Las mismas reacciones de los pequeños suelen ser una fuente inagotable de alegría y de acción de gracias a Dios para los adultos.

- ***La oración familiar.*** A no pocos padres les agrada hacer la oración en familia, en algún momento del día, incluyendo a los más pequeños en la misma. Este clima de oración, el ambiente que reina en su derredor, va penetrando de manera profunda e insondable en el niño. Cuando el pequeño sea ya capaz de sostenerse fácilmente sentado, podrá estar sentado sobre las rodillas de alguno de los miembros de la familia. El pequeñín puede ser, en fin, objeto de ciertos gestos de oración que captará sin dificultad, asimismo los gestos del pequeño pueden comprometer más a los mismos padres.

Puede afirmarse que la oración en familia, en medio de su sencillez y con tal que la participación del pequeño sea breve y espontánea, lejos de resultar algo artificial y agobiante, responde a una capacidad real del niño.

Acompañando al desarrollo del lenguaje, es aconsejable que el niño se acostumbre a repetir algunas palabras de connotación religiosa (como Jesús, María, ¡gracias Jesús!, ¡te quiero, Jesús! ¡aleluya!, etcétera), para ir descubriendo paulatinamente su significado, después de repetirlas una y otra vez.

A partir del andar independiente

La oración con el niño, la oración del niño

A lo largo de este último período que hemos analizado, las posibilidades de oración del niño han ido creciendo conjuntamente con el desarrollo del lenguaje y la toma de conciencia progresiva de su personalidad. Los adultos juegan un papel todavía más importante en cuanto que el niño es cada vez más capaz de Dios.

El rol de los adultos. Los adultos son mucho más aptos de lo que creen para reestablecer una vida de relación con Dios a partir de las experiencias en torno a sus propios hijos. Es cierto que muchos no saben cómo rezar o qué palabras decir, pero como decíamos antes: a rezar se aprende rezando. ¡Tengan la plena confianza que el Espíritu les indicará qué decir o hacer! La oración siempre es una fuente de bendiciones para todos.

La tarea de los padres consistirá esencialmente en vivir ellos mismos su fe de la manera más sencilla y lógica posible, contagiando a sus hijos el amor por Dios y la necesidad de hablar con Él. Por lo tanto, es muy importante que los hijos participen en la oración de sus papás. Todos los demás adultos que rodean al niño (abuelos, tíos, padrinos, etc.) también pueden desempeñar un cometido mucho más profundo, en la medida en que ellos mismos entren en relación amorosa con el Señor.

Bases de la actividad orante del niño. Hasta los 3 años la vida de oración del niño, tanto individual como familiar, evoluciona con rapidez, apoyada en su desarrollo psicomotor.

La oración del cuerpo. El niño experimenta una necesidad vital de moverse, de utilizar todo su cuerpo en todo lo que hace. Por eso, los gestos, el ritmo, el baile, el canto han de formar la base idónea para su oración, primero por mimetismo con los adultos y luego de forma cada vez más espontánea, incluso solitaria: aplaudir, levantar las manos y ofrecer palmas abiertas, son gestos que dejan su impronta en el pequeño, así como la señal de la cruz (ver el apartado sobre los gestos sagrados en el capítulo 3).

El desarrollo mental. La explosión del lenguaje a la que asistimos ante un niño que acaba de aprender a andar solo, la alegría que demuestra al valerse de tantas palabras nuevas, es una ocasión privilegiada para ayudarle a orar. Cuando el niño es capaz de hacerse entender con palabras, su oración va cobrando más sentido.

Con todo, lo esencial sigue siendo su actitud interior más que la cantidad de oraciones que pueda aprender de memoria. La curiosidad, el espíritu de observación y la asociación de ideas son elementos favorables por demás en orden a la vida espiritual. Todo lo que para el niño sea motivo de admiración puede ser motivo de alabanza, de acción de gracias a Dios por todo lo que nos regala.

El desarrollo del lenguaje y la gran curiosidad del niño crean en él una necesidad imperiosa de preguntar por todo. Comienza la edad de los porqués. En todo momento, conviene ser realista y dar respuestas adecuadas a los niños.

Diversas ocasiones para orar

A lo largo del día. Tomando en cuenta los diferentes elementos que hemos evocado, ya descubrimos que las modalidades de la vida de oración a lo largo del día pueden ser múltiples. Lo importante no es ponerse a hablar de Dios en todo momento sino vivir en su presencia.

La oración ha pasado a ser una alabanza al Señor, una acción de gracias cotidiana ante las menudencias de la vida. En el transcurso de la jornada puede aprovecharse para agradecer a Dios por las maravillas del mundo que nos rodea. Esta acción de gracias puede ir acompañada por cantos apropiados que entonen juntos chicos y grandes.

Pueden darse diferentes maneras de expresarse, a veces será mediante una serie de invocaciones breves y alegres (primero por iniciativa del adulto y luego por contagio del niño). Hay infinidad de temas, pequeños y grandes, en torno a los cuales es posible hablar de Dios y de Jesús. Asimismo, todos los signos y gestos que puedan acompañar las palabras, reexpresarán la experiencia de fe. De esta manera cada jornada puede ser muy rica en ocasiones para orar.

La "liturgia familiar". El niño muestra deseos de participar de manera activa en la oración que congrega a su familia; querrá unírseles e imitarlos. El niño solo comprende el sentido general de esa reunión, pero percibe intuitivamente el valor de la misma (por tal razón no debe ser excluido).

Al margen de que la oración familiar sea algo organizado o se improvise, lo que al niño le agrada es que los padres recen con él, y no que le hagan rezar: se trata de una actividad en común, sin maestros ni "vigilantes". Claro está que habrá que adaptarse a las necesidades de los niños pequeños. Insisto: cuanto más intervenga el cuerpo y los sentidos en la oración, el niño más se sentirá "atrapado" en la misma.

Al mismo tiempo, hay que tener en cuenta el carácter del niño, su ritmo personal, sus características individuales y su personalidad. La participación del niño pequeño en la oración familiar deber ser breve, alegre y sentida. Si la oración familiar se prolonga, el niño podrá marcharse libremente. Lo fundamental consiste en la libertad que se le deje al niño, en el detalle de respetar su deseo o su rechazo; con ello su participación en la oración no obtendrá más que beneficios. A Dios se le descubre en la libertad y en el amor; no en la moral, la obligación y la culpabilidad.

Las ceremonias litúrgicas. Muy pronto el niño tendrá ocasión de asistir y hasta participar en ceremonias litúrgicas como la Misa u otras festividades religiosas importantes.

En la Misa habría que mantener el mismo principio que en una reunión familiar de cierta importancia. Los niños pequeños suelen estar presentes participando en lo que pueden, realizando otra actividad o simplemente jugando. Lo que hay que procurar es que la presencia de los niños en la Misa no perturbe en demasía el desarrollo de la celebración. Es aconsejable permitirle al niño que se sienta cómodo en la casa de Dios, por esa razón podría llevar alguno de sus juguetes, hojear libros, dibujar, etcétera.

Como esta actitud puede molestar a algunos, es preferible asistir a las Misas de Niños, donde todos ya saben que tal Misa va ser más "bulliciosa" y "movida" por la presencia de los mismos. Estas misas pensadas y organizadas en función de los pequeños, suelen ser fuente de bendiciones para los adultos.

En cuanto a las festividades religiosas importantes, tienen que convertirse en una ocasión privilegiada para que los niños capten, por el ambiente reinante, el contenido religioso y de encuentro con Dios que las mismas sugieren.

Por ello, es fundamental que en tales fiestas (Navidad, Pascua, Pentecostés, Santo Patrono, etc.) los niños sean tenidos en cuenta de tal modo que se sientan participando activamente en las mismas.

De esta manera, concluimos que la familia es un lugar privilegiado del encuentro entre los niños y Dios. Los padres son antes que nada servidores y mediadores entre Dios y el pequeño que Él mismo les ha confiado. Dios actúa a través de ellos, en ellos y por ellos. Lo importante es dejarse llevar por Él de modo que esta etapa lleve a los niños a despertar al espíritu de oración, a una relación directa con "su" Dios.

Conclusión

"Para mí, la oración es un impulso del corazón, una sencilla mirada lanzada hacia el cielo, un grito de agradecimiento y de amor tanto desde dentro de la prueba como desde dentro de la alegría..."

Santa Teresita del Niño Jesús

Siempre que uno escribe sobre estos temas, se queda con dos sensaciones, a veces contrapuestas. Una es la sensación de que falta muchísimo por seguir reflexionando e investigando y que estas páginas son apenas el comienzo. La otra es que en los temas de Dios, en los temas de la fe, lo que cuenta es la acción de Dios, su gracia y, entonces, todo lo que reflexionemos es eso: meras reflexiones humanas...

No obstante, creo que el intento de compartir y sistematizar estas experiencias nos enriquece y ayuda a crecer en la fe. Solo lo que vivimos-reflexionamos en comunidad, nos permite acercarnos más al misterio insondable de Dios. Dios mismo quiso que todo lo que de Él mismo dijéramos, lo deberíamos compartir en comunidad, en Pueblo de Dios, en Iglesia...

Con estas reflexiones he pretendido hacer un pequeño aporte para iniciar a los niños en el silencio y en la oración. Evidentemente no es un tema sencillo y requiere un volver permanentemente sobre nuestra tarea para ver si estamos logrando que los chicos recen más y mejor.

Como dije al principio: a rezar se aprende rezando. Pero también es cierto que, si nos detenemos un poco, podemos ir haciendo acopio de experiencias en torno a la oración de los niños. A veces es cuestión de sentarse a observar, a mirar qué es lo que los chicos hacen y necesitan frente a la oración y seguir incentivándolos en esa dirección.

Casi sin darnos cuenta, nos vamos transformando en "maestros de oración" de nuestros niños. Y en esto, no es cuestión de elaborar grandes teorías y tratados sobre la oración infantil, sino que fundamentalmente es cuestión de realizar nosotros primero el camino de la oración, para que ellos puedan seguirnos.

Claro está que la oración es un don, un regalo de Dios. Y como todo don, no se merece; no se logra por el mero esfuerzo o sacrificio personal. Dios regala a cada uno el don de la oración según le place. Es a Él a quien debemos pedirle que nos enseñe a orar. Jesús mismo nos prometió la asistencia del Espíritu Santo, quien iluminará nuestros corazones para poder llamar a Dios "Abbá", es decir, "papito"...

Luis M. Benavides

PD: si tienen alguna aportación, comentario o desean consultar sobre alguno de mis cursos o charlas y conferencias pueden escribirme a las siguientes direcciones electrónicas o visitar mi página web: www.luis-benavides.go.to

lmbenavides@arnet.com.ar o lmbenavides@gmail.com.ar

Bibliografía

Aldazábal, José. GESTOS Y SÍMBOLOS. Dossiers CPL 40. Centro de Pastoral Litúrgica de Barcelona. Barcelona, 1990.

Alexandre, Dolores y Berrueta, Teresa. INICIAR EN LA ORACIÓN. Editorial CCS. Madrid, 1995.

Benavides, Luis M. CUENTOS PARA SER HUMANO. Editorial SB. Buenos Aires, 2007.

Benavides, Luis y Pandolfi, María Emilia. EL ROSARIO CONTADO A LOS NIÑOS. Edit. Bonum. Bs. As., 2003.

Benavides, Luis M. LA CATEQUESIS CON NIÑOS PEQUEÑOS. Editorial SB. Buenos Aires, 2010.

Benavides, Luis M. METODOLOGÍA CATEQUÍSTICA PARA NIÑOS. Ediciones PPC/SM. Madrid, 2005; Buenos Aires, 2007.

Benavides, Luis M. TEMAS DIFÍCILES CON NIÑOS. Ed. PPC, Buenos Aires, 2012.

Benavides, Luis M. ¡S.O.S., CATEQUESIS! Hacia nuevos rumbos en la Catequesis. Editorial SB. Buenos Aires, 2009. Mención de Honor Feria del Libro Católico de Argentina, 2010.

Caballero, Nicolás. DENTRO, TÚ ERES SILENCIO. Editorial Claretiana. Buenos Aires, 1999.

Cánepa, Marta. ¿CÓMO HABLAR DE DIOS A LOS MÁS PEQUEÑOS? Edic. Paulinas. Buenos Aires, 1994.

Casiello, Beatriz. METODOLOGÍA CATEQUÍSTICA. Ed. Guadalupe, Bs.As., 1986.

CATECISMO DE LA IGLESIA CATÓLICA (CATIC). Oficina del Libro. Conferencia Episcopal Argentina, 2003.

Catequistas del IPA. METODOLOGÍA CATEQUÍSTICA, Cuad. Nº 1 y CAMINA EN MI PRESENCIA, Cuad. Nº 2. Ed. Stella, Bs.As. 1985.

Cavalca, Flavio y Montanhese Ivo. LA ORACIÓN DEL NIÑO. Edic. San Pablo. Bogotá, 1994.

Conferencia Episcopal Argentina. BASES PARA LA CATEQUESIS DE INICIACIÓN. Edic. Don Bosco, Bs.As.; 1981.

Conferencia Episcopal Latinoamericana (CELAM). DOCUMENTO FINAL DE APARECIDA Ed. Paulinas, Bs.As., 2007.

Del Bueno de Morrone, Lidia. CRECIENDO CON DIOS. Ed. Bonum, Bs.As., 1992.

Dotro, Ricardo y García Helder, Gerardo. DICCIONARIO DE LITURGIA. Ediciones AMICO. Buenos Aires, 2002.

Equipo. CELEBRAR MISA CON NIÑOS. Ed. Paulinas/Marova. Madrid, 1981.

Equipo de catequesis. NUESTRO PADRE DIOS. Guía didáctica. Edic. Búsqueda, Bs.As., 1974.

García Ahumada, Enrique. COMUNICACIÓN AUDIOVISUAL PARA EVANGELIZAR. Editorial Tiberíades. Santiago de Chile, 1999.

García, Eduardo. GLORIA A TI SEÑOR PORQUE NOS AMAS. Sugerencias para la celebración de la Eucaristía con niños. Ediciones Paulinas, Buenos Aires, 1996.

Guardini, Romano. LOS SIGNOS SAGRADOS. Edic. Librería Emanuel. Bs.As., 1983.

Godin, André. ADULTO Y NIÑO ANTE DIOS. Edic. Sígueme. Salamanca, 1968.

Henderson, Feliciy. MIS LIBRITOS DE ORACIONES. Editorial Lumen. Buenos Aires, 1995

Jálics, Francisco. APRENDIENDO A ORAR. Ed. Paulinas. Bs. As., 1984.

Larrañaga, Ignacio. EL SILENCIO DE MARÍA. Edic. Paulinas. Bs.As.1975.

Lefebvre, X. y Perin, L. EL NIÑO ANTE DIOS. Ed. Desclee de Brower, Bilbao, 1981.

Lubienska de Lenval. LA LITURGIA DEL GESTO. Ed. DINOR, San Sebastián, 1957.

Miani, Marcelino. LOS SIGNOS SACRAMENTALES. Ed. Claretiana. Bs.As., 1980.

Pomme D`Api. EL DESPERTAR RELIGIOSO DE LOS NIÑOS. Ed. Claret. Barcelona, 1981.

Rose-Marie de Casablanca. EL NIÑO CAPAZ DE DIOS. Edic. Mensajero. Bilbao, 1991.

Scarpazza, Benigno. AYUDEMOS A LOS HIJOS A ENCONTRAR A DIOS. Ed . Paulinas. Bogotá, 1991.

Sagrada Congregación para el Clero. DIRECTORIO GENERAL PARA LA CATEQUESIS. Oficina del Libro. Conferencia Episcopal Argentina. Bs.As., 1997.

Tschirch, Reinmar. DIOS PARA NIÑOS. Ed. Sal Terrae. Santander. 1981.

Vila-Boas, Magda. EJERCICIOS DE RELAJACIÓN PARA NIÑOS. Edic. Paulinas. Buenos Aires, 1995.